COSMIC
GARDEN
VISION INFINITY

The Portal to Cosmic Consciousness

相信光就在你心裡，接受你內心的光

你將照亮這個世界

宇宙就是你的靠山
THE UNIVERSE HAS YOUR BACK
超越恐懼選擇愛，和宇宙力量同行

嘉柏麗‧柏恩斯坦（Gabrielle Bernstein）著

林曉芳、梅西爾 譯

園丁的話

這本書要說的其實很簡單
就是超越恐懼選擇愛，還有臣服
作者以《奇蹟課程》的內涵和本身的經歷
見證了宇宙的奇妙能量和奇蹟

我想，不少人應該會在書中看到類似自己的某些片段
身心靈圈人雖多追求心靈成長
但也很容易就陷入小我虛妄和浮誇的陷阱
作者本身亦然
她很坦誠的以自己的小我作例子
鼓勵大家任何時候都可以重新選擇
選擇愛，選擇對整體最高善的利益

而「臣服」兩字，或許聽起來很抽象，不著邊際

事實上，它的核心精神很單純
就是凡事盡己之力後
便把一切得失全然放下
虔誠的交託給一個更大的力量
這個力量既神聖又神秘
這個力量雖然不可思議的巨大且無邊無際
卻又可以同時存在於每個人的內心
存在於萬事萬物

想想，我們每一個人都和這個力量共同創造出個人實相和世界
事實上，全部的宇宙
所以，千萬別小看了自己的神聖，也不要濫用和誤用了自己的
力量

願所有光的使者共同照亮黑暗

目錄
Contents

給我最親愛的友人 Micaela

謝謝你，我在靈性旅程的共跑者

二〇一五年春天，我在上瑜珈課時情緒突然崩潰。當時我拜日式正做到一半，整個人感到強烈的恐懼和焦慮。我在瑜珈墊坐下，想要喘口氣。就在這時，脖子開始一陣劇痛，接著臉的左半邊和左手臂整個麻掉。我嚇壞了，走出教室打電話給我先生，然後跟醫師約了緊急門診。

在二十四小時內，我做了磁振造影掃瞄和血液等多項檢測。等候檢查結果是我這輩子最心驚膽顫的時刻。

當結果出來，我反而茫然了。這些身體症狀沒有顯示出任何明確的病症，醫師們最後把這個事件診斷為恐慌症發作。然而，這個經驗發生得很沒有道理。我在人生的這個階段，有位體貼和支持我的好先生，我的事業有成，身體健康，家庭溫馨。事實上，我的生活好得遠超乎我的想像。我花上了十年的

時間靈修、療癒舊創傷並且深化信念，而我終於自由了——至少我是這麼認為。

接下來的那個禮拜，我控制了情緒並恢復鎮定，但我還是很納悶為什麼會發生那樣的事。理性的大腦想不出哪裡出了問題，於是我坐上冥想墊，連結內心的智慧與指引。從深沉的寂靜回來後，我在日誌裡寫下了這些文字：「這是因為你在抗拒愛和自由。你內心尚未驅散的陰霾在抗拒幸福。」

我被自己寫下的這段話嚇了一大跳。這些劇烈的身體痛楚難道真的是因為我在抗拒愛？

長期以來，我以為只要處理好過往的傷痛，我就會快樂和自由。我以為只要建立了安全感，我就會快樂和自由。我以為只要強化了我的靈性連結，我就會快樂自由。我全心投入個人的成長，走在心靈的道路，我也確實感到快樂、感到自由。我的外在世界反映了我正向的內在狀態；生命開始流動得很順暢。然而，內心的恐懼卻挑準了這個時候，盡全力來反抗我依賴已久的愛與光。

為了了解並承認這個抗拒的存在，我仔細審視了它一番。在經過許多探索後，我了解到，我們之所以一直陷在黑暗裡，

是因為我們抗拒愛，而這個抗拒正是我們長期被困在既定模式，無法成長的原因。

你可能已經發現，靜坐冥想、禱告、正面肯定語、心理治療或任何其他形式的個人成長活動，雖然能使人得到一定的解脫，但受限的信念、負面批判或成癮的行為模式，卻會破壞那種美妙的感覺。這樣的經驗持續發生，因為在我們迎向光的同時，我們內心的黑暗卻在抗拒光。

即使我們想全心全意地去愛、去得到快樂，我們還是常常發現要擺脫恐懼並不容易，因為我們已經依賴它太久了。我們替自己的痛苦找目的，我們相信掙扎與衝突對於成功或恆久的喜悅，或有意義的生命，是必要的。我們因此在衝突與控制的狀態裡感到安全。我們下意識地相信，無論愛的感覺有多美妙，如果想存活，就必須堅守我們的保護機制。

也許你在盡一切努力創造生活中的自由，努力連結生命能量的流動，並釋放基於恐懼而有的習慣，然而，正當你得到些許解脫的同時，潛藏深處的恐懼陰影卻出其不意地冒出來攻擊你。你以前也許沒能認出這個模式，但一旦你能認出，就是你的人生旅程航向自由的開始，因為不快樂的根本原因出乎意料的簡單：我們在抗拒快樂。

佛洛伊德便是因為很多病人的情況沒有好轉而注意到這個現象。某晚的夢使他意識到有位病人之所以沒能改善，是因為對方並不想改善。這個夢使得他往後看診的重點大多放在研究這種抗拒的心理，後來這也成了他診療的基礎。

你和佛洛伊德的病人不同，在你翻開本書的那一刻，你已向自己許下承諾要從恐懼中醒來，與愛同步。這是個重大的承諾。然而，你內在的恐懼會想盡辦法把你囚困在痛苦與黑暗裡。這個恐懼就是我們的所有問題和疏離感的根源。若要真正擁抱宇宙的愛，你就必須正視自己的抗拒，並且放棄那些被你誤以為是安全的、有保障的，以及奠定你人生的想法。

宇宙的教導 | 我們必須承認自己的抗拒才能得到自由

我們必須承認，雖然我們內在有個令人驚嘆，充滿愛的思維，這個思維希望我們得到平靜，但我們也有個會犯錯的大腦這麼說著：「我不想自由，我不想放下批判，我不想放掉掌控。」

練習釋放抗拒的最根本和有效做法，就是清楚看到我們並不想放下。當我們接受自己對恐懼上癮的事實，我們就能讓自己擺脫過去的困境，日後走在靈性的路上也不會再誤入恐懼的

歧途。我們能夠原諒自己事情做得不完美，原諒自己緊抓著舊有模式不放。若要療癒我們的抗拒，方法就是正視和尊重我們的陰暗面。形上學的教本《奇蹟課程》（A Course in Miracles）教導我們，我們要找尋的並非愛的意義，而是要移除所有阻擋愛的臨在的障礙。

以我為例，當我接受恐懼的那一刻，我的恐慌也消失了。透過擁抱恐懼，臣服於自己對自由的渴望，你會為自己開闢出一條更寬闊的自由大道。現在的我已不再抗拒愛，而且我有信心隨時都能接收到宇宙愛的能量。

你也同樣能夠擁有這個自由。在你運用本書的療癒禱詞、練習和靜坐冥想的過程中，最能幫助你的方法，就是以愛正視你的恐懼，並且決心放掉你不想要的思考模式。這樣的決定會為你清出一條通往快樂的道路。

釋放舊有的思考模式並建立新模式需要練習，但你必須投注的心力可能不會有你以為得多。對你最有益的練習，就是練習臣服於宇宙的愛。本書的每一章都會提供簡單的禱詞、肯定語和實作練習，協助你將恐懼的念頭和能量臣服於正確思維的恩典。有一點很重要：對每項練習不要想太多，做就是了。你可能會發現對其中一、兩個特別有感覺，你可以選擇較常練習

那些令你有共鳴的。最適合你的理想路徑會愈來愈清晰，你將能擬定屬於自己的旅程。無論如何，與其讓你持續執行特定的計畫或塞給你一大堆技巧，我選擇的做法是指引方向；提醒你，你內心最渴望的事：不再恐懼並且回到平靜。你愈常被提醒你的渴望，你就愈能善用你的能力達成。

走在心靈修持的這條路並不是要成為最優秀的冥想者，或最仁慈，或最開悟的人，而是盡可能地經常臣服於愛。這才是本書的目的。

這本書裡有很多練習。你可以選擇做所有的練習或只做喜歡的幾個。這些練習該怎麼應用並沒有絕對，只要保持開放的心，重複做你有感覺或能帶給你啟發的都好。如果你能每天應用書裡的某一課、某個禱詞或冥想，你將能體驗到與宇宙的更深連結，而這樣的連結將產生不可思議的改變。因此，保持簡單就好，但也記得，你付出愈多，得到的就愈多。就如十二步驟互助團體說的：「只要努力就會奏效。」

因此，在這裡我要先請你接受自己對愛的抗拒、原諒自己沒能持之以恆的練習（或是完全沒有練習），並且臣服於你面前的指引。請以開放的心閱讀每一章，你將會得到你所需要的。你要做的只有一件事：願意放下所有造成你與愛的能量無

法和諧的障礙。

　　閱讀本書時，請記得對新的觀點和想法保持開放；要有耐心並且相信宇宙會挺你，相信宇宙就是你的靠山。

第
一
章

你有一股潛藏的力量

　　十六歲那年我為憂鬱症所苦。當時我不知道我為什麼憂鬱，但是恐懼、焦慮、悲傷的感覺千真萬確。這個憂鬱很狡猾──它會突然冒出來，而且毫無理由。我無法解決這個問題，於是轉向母親求助。我的母親是個嬉皮、冥想者和瑜珈行者，她把她認為有效的方法──靜坐冥想──跟我分享。她帶我坐上靜坐墊，對我說：「出口就在這裡。」

　　母親教我她的梵文真言：So, Ham, So, Ham。她建議我每天至少花五分鐘冥想，體驗從憂鬱解脫的感覺。我那時深陷在沮喪裡，無論她說什麼我都會照做，於是便開始練習靜坐。沒想到，我立刻就有了解脫的感覺。這個即刻的滿足讓我養成靜坐的習慣，並且想從靜坐中得到更多。

　　在我靜坐了兩個禮拜的某個週末，我和男友到一個濱海小

屋度假。從一抵達的那刻，我又被熟悉的憂鬱和恐懼席捲。我對男友說：「對不起，我必須去靜坐一下。」然後往二樓走。我從沒來過這個房子，二樓的小房間有張床，鋪得很平整，我坐上去，在黑暗中唸起我的梵文真言：*So, Ham, So, Ham*。我並不懂這句真言的意思，但我知道它讓我感覺好了許多。*So, Ham, So, Ham*。就在我深呼吸和唸誦真言沒多久，奇妙的事發生了。我突然覺得自己被一股溫暖的愛的能量包覆，四肢的末梢開始刺麻，然後我的焦慮和憂鬱消失了。我的心情從沒有這麼平靜過。我融入了一股從未見識過的偉大力量；我找到了我潛藏的力量。

這段經驗回想起來，彷彿還是昨天的事。在那一刻，我知道我有能力與愛的能量連結，而那個能量遠超乎理性大腦和身體的界線。那是我人生第一回感受到真正的安全。我走出那間客房，下樓去找男友。他看到我神清氣爽、眼神柔和、精神煥發，問道：「怎麼回事？妳看起來好亮。」我回答：「是靜坐冥想的關係。」

我很勤奮地靜坐了好幾個月，但只要一感覺好些，我就會開始怠惰。我漸漸被外在成功帶來的安全感、力量與興奮，以及世間各種快樂的形式牽著走。我轉而從戀愛關係尋找愛與安全感。我轉而從自己的事業尋找成就和滿足感。我轉而從毒品

尋找我曾在靜坐墊上體驗到的那種飄飄然的感覺。我選擇了把外界當作愛的源頭，把宇宙的能量拋諸腦後。

透過一連串從自身之外尋找安全感的愚蠢決定後，我把自己推進了黑暗深淵。我發現自己又陷入憂鬱，而且這回因為毒癮和羞愧感而更加嚴重。有天早上，在毒品和酒精的效力過後，我坐在家裡地板上，呼喚我一度熟悉的那個能量。我向母親教給我的真言求助，開始唸誦 *So, Ham, So, Ham, So, Ham*。

時光彷彿不曾流逝，我立即又回到那個愛的感覺。就好像有個看不見的天使一把將我拉離地面，幫助我遠離我曾經選擇的恐懼，並將我帶進新的生活方式。再一次，我找到了出口。

那天，我許下一個承諾──承諾再也不背叛愛的源頭。

十年過去了，我不斷追求心靈成長，強化自己與那個愛的關係。我說的這個愛，就是許多人所知曉的上帝、靈、真理或宇宙意識。以現代用語來說，許多人稱之為「宇宙」。這幾個詞彙在本書也會交替使用。

我與這股能量的關係，是我生命裡最重要的事。沒有它，我就失去我的力量、目標，以及我與愛的連結。我每天透過祈

禱、靜坐冥想、培養正念，在自己與他人之間建立愛的連繫來接通這股愛的臨在。我把愛當成一種習慣，並為自己創造的世界負責。我每天都在滋養與愛的連結。這也是為什麼我在靈性路上學習這麼久了，還是必須每天持續練習朝向愛和選擇愛；這是我許下的終生承諾。令人欣慰的是，這個承諾愈來愈容易做到，因為就像任何新習慣的養成，愈常練習就會愈有樂趣。現在我和宇宙的關係妙不可言，它從沒讓我失望過。

宇宙的教導	我們的幸福、成功和安全感，取決於我們接通宇宙愛的頻率的能力

這世上有這麼多人覺得不幸福、失敗、沒有安全感，原因就出在他們忘了他們真正的快樂、成功與安全感在哪裡。想起你真正力量的所在能夠幫助你與宇宙重新連結並享受生命的奇蹟。最重要的是，你因為快樂而顯現於外的喜悅能夠提升這個世界。

喜悅是我們與生俱來的權利。我們因為與愛分離，才感受不到喜悅。要重回愛的懷抱，首先要了解我們最初是怎麼與愛斷了連結。

我們都以自己獨特的方式與愛失去連結。我們以某種方式

拒絕或否定宇宙的愛並選擇了恐懼的世界。我們選擇讓新聞、校園和家庭裡的恐懼操縱自己。我們為自己的痛苦賦予意義，認為力量是來自外在，因而與愛分離。我們否定愛的力量，把信心給了恐懼。我們完全忘了愛。

《奇蹟課程》這麼教導：「恐懼的存在表明了你只相信自己的能力。」這句話意義深遠。我記得我第一次讀到時，很激動地唸了出來。與愛分離表示你否定一個更高力量（宇宙）的存在，你學會依賴自己的力量去感受安全。在你選擇與宇宙的愛脫離的那一刻，你就看不到平安、穩定和安全，以及原本可得的清晰指引。當你重新與愛連線，不再依賴自身力量的那一刻，清晰明確的指引將會出現。愛的臨在必會驅散恐懼。

與宇宙的能量合而為一，感覺就像與自己最信任的伴侶順著音樂節奏起舞，美妙極了。當你開始與宇宙的能量共舞，你的生命會自然流動，不可思議的共時性出現，解決問題的辦法俯拾皆是，而且你體驗到自由。

我的朋友卡拉的例子，最能說明當你與宇宙重新連線後的情形。卡拉自小在一個把外在成功看得比什麼都重要的家庭長大，他們認為為了成功必須不惜一切努力。她因此有種根深蒂固的想法，認為拼命工作、承受壓力和努力奮鬥可以換來成

功。十年來她透過賣力工作，掌控和操縱結果，在職場上位高權重。她相信自己愈往前衝，就會愈成功、愈幸福、愈安全。在旺盛企圖心的推動下，她打造出外界看來耀眼的事業。然而，就在她攀上高峰的某天，她的精神崩潰，一切也跟著垮了。她被緊急送到急診室，因病被迫長期休養而退出職場。她所熟悉的世界一夕間結束了。

在休養期間，卡拉發生了一件事，這件事改變了她的一生。某天早晨醒來，她靜靜躺在床上。就在這樣靜靜躺著的時候，她想起小時候外婆教她的一篇祈禱文。那是亞西西的聖方濟（Saint Francis of Assisi）禱告文：

上帝，請使用我為祢創造和平！
哪裡有仇恨，我就把愛帶來。
哪裡有冤屈，我就把寬恕帶來。
哪裡有紛爭，我就把和諧帶來。
哪裡有錯誤，我就把真相帶來。
哪裡有疑慮，我就把信念帶來。
哪裡有失望，我就把希望帶來。
哪裡有黑暗，我就把光明帶來。
哪裡有悲傷，我就把快樂帶來。
上帝，但願我能給人力量，而不是等人給我力量。

但願我能善體人意，而不是等人了解我。

但願我能把愛帶給別人，而不是等人給我愛。

唯有忘了自己，我們才找得到自己。

唯有原諒他人，我們才會獲得原諒。

唯有經歷死亡，我們才會醒在永恆不朽的生命裡。

不知何故，她覺得有股力量引導她大聲唸出這個禱文。唸完禱文後，她起床開始她的一天。這天起初跟平時沒兩樣，但隨著時間過去卻越來越有趣。她坐在電腦前，一封電子郵件顯現在螢幕，郵件上有個網址連結到我寫過的一篇部落格文章。這封信是她久未謀面的一位友人轉寄給她的，信件主旨是「成功是內在的工作。」這個主題引起卡拉的注意，她開啟這封信，點擊連結到我網站的影音部落格，我在那個部落格裡告訴大家如何透過靈性修持取得人生的成功。卡拉那時並不知道自己為何收到這封電子郵件，她不知道我是誰，甚至不明白自己為什麼會點那個連結到我的網站。只有一件事是肯定的，她心底有個聲音在清楚地呼喊：「看看那個影片！」

卡拉看了影片，感覺我就是在跟她說話。隔天她去書店想要找小說來看，結果一本非小說的書突然掉落在她前面的地板。那是我寫的《通往幸福的奇蹟課程》（May Cause Miracles）。她認出了封面上的照片，對這樣的共時性，她笑了出來。她無

法拒絕這樣的機緣，於是把書買了回去，並且立即開始為期四十天的練習。

當練習進入第三十天，卡拉在瀏覽臉書時，螢幕跳出一則貼文，裡面提到兩週內我會到她居住的城市演講。卡拉立刻買了票。

卡拉來到了活動現場，提問時間時，她靜靜地坐在自己的位子上。她不希望別人注意到她，尤其她對心理自助這類主題還很陌生。當我問到「在座有哪位完成了《通往幸福的奇蹟課程》裡提到的四十天練習？」的那一刻，卡拉意識到那天正好是她的第四十天！她不由自主地舉了手，於是我請她起身分享她的經驗。卡拉開始述說她不曉得為何當初她會收到那封電子郵件，不曉得那本書怎麼從書架掉了下來，也不曉得臉書上那個說我十天後會來到她居住城鎮的廣告是怎麼會在她的螢幕。她說，在閱讀那本書的過程當中，她了解了她原本的生活方式再也行不通。她受到指引並做出新的選擇。她對坐在現場的陌生人群宣布，她準備辭去她那個高壓的工作，重新回到學校唸營養學，這是她一直很有興趣的科目。她說：「四十天前，我非常沮喪。但現在的我知道，就像妳說的，宇宙是我的靠山。」

卡拉的故事提醒我們，當我們臣服於宇宙的力量，我們一

定會得到指引，得到自己最需要的東西。在她唸出聖方濟禱文的那一刻，也就是她不再依賴自己的力量，並且下意識地請求宇宙協助的時刻。

共時性（譯注：指在時間上同時或巧合發生的非因果性的事件）、指引、療癒和富足，這些我們一直都有；只要與宇宙的能量同步，我們就能進入這股支持與愛的能量流。當我們與這股能量校準，生命就變成一場快樂的夢。

宇宙的 教　導	當我們放下個人意志，臣服於宇宙的力量，就會領受奇蹟

臣服於宇宙力量的另一個方法，就是清楚知道我們的說法和信念是如何主導了我們的經驗。

《奇蹟課程》教導，我們所投射的是我們的認知（projection is perception. 編注：在《奇蹟課程》裡 perception 譯為知見）。也就是說，你在心裡所投射的故事就是你在你的人生裡所認知到的。我從《奇蹟課程》一位很優秀的老師蓋瑞・瑞納德（Gary Renard）那裡學到了一個跟這個道理有關的美妙比喻。想像你正在電影院裡看恐怖片，劇情演到即將發生很可怕的事。你知道女主角一走到轉角就會有生命危險。你急得把爆米花丟向螢

幕，大聲尖叫，「不要！不要走到轉角！」

蓋瑞建議我們不妨用這樣的方式來思考我們的生活。我們觀看的電影情節就是我們的生活，我們大叫「不要回到那段關係！不要接那個爛工作！那杯酒不要喝！」但我們卻一次次地被困在同樣的恐怖場景裡。

我們的投射就是我們的認知。接下來的例子證明了認知的力量。一個我以為已經被療癒的恐怖故事情節，多年後悄悄回來。

高中時期的我從來沒有自己的死黨。我有一票愛搞怪的男生朋友，他們組樂團，在自己爸媽房子的地下室抽大麻。我喜歡他們，但我總覺得自己像局外人，因為我沒有一群女生朋友。這個經驗讓我開始在心裡設計一條故事線，投射到我的生活裡。我是這樣投射的：我是個局外人，我從來沒有自己的一票女生死黨。這個投射成了我持續多年的認知。

我後來在二十五歲左右，開始帶領女性團體的工作坊和演講。漸漸地，我身邊有了許多長時間和我聚在一起的女性。那條舊故事線開始癒合，我也認為我有了屬於自己一群志趣相投的女性友人，大家都認同我「靈性成癮」的思維。

正當我確定我已經療癒了以前的恐懼認知，我才發現自己並沒有完全從那條故事線解脫。問題出在我們心裡的恐怖故事很狡猾。它們住在我們的心靈、我們的細胞；它們在我們的潛意識徘徊不去。正當我們以為已經治癒錯誤的觀點時，砰！某件小事就能觸動我們，讓我們又回到以前的恐懼裡。

　　在我當時的人生階段，我有許多女性朋友，我對這樣的關係感到安心。然而，我們這群人當中有一位友人，我和她的關係始終沒能拉近。雖然她待人和善，但一直有種距離感，感覺也不是很真誠。她的這種人格特質觸發了我舊有的恐懼故事線。

　　每年她都會辦一場邀請我們每個人參加的大型聚會。通常在一個月前就會發出邀請函。我舊有的恐懼故事就在這時啟動；我心裡開始想，我不會被邀請了。我對我的先生、朋友，還有任何願意聽我說話的人都這麼說。我內心的對話是這樣的：邀請函要發出去了，而我不會受邀。後來，果然如我所預期，電子郵件邀情函發出去了，我並沒有收到！我傷心極了。青少女時期被孤立的感覺湧現心頭，我既生氣又難過。

　　這件事讓我很慌亂。我到處跟朋友說她舉辦聚會沒邀請我，我很難過。我是個成年人，但行為卻像個小孩。某天早晨

醒來，我的心情非常低落。當時閃過腦中的第一個念頭是：我做得不夠好，我是個局外人。

還好，在我人生的那個階段，我已經有足夠的心靈覺察力，能夠看到這個故事並選擇以不同的角度來看待。我因此大聲對自己說：「宇宙，謝謝祢幫助我療癒這個問題。我原諒自己的想法，我選擇看到愛。」接著就開始我的一天。

那天下午，我和一位朋友聚餐。我向他提到我沒被邀請參加聚會。他放聲大笑說：「什麼啊，妳瘋了嗎？妳當然被邀請了啊！發個簡訊給她，看看怎麼一回事就知道了。」那天早上我因為禱告過了，所以能聽進他的建議。我不情願地回應：「好吧，我發簡訊給她。」我拿起手機傳簡訊：「嘿，妳好嗎？我沒收到妳的聚會邀請。希望我們之間沒什麼不愉快才好。」沒過幾秒她就回覆了，「什麼！妳當然被邀請了！我這次是用新的帳號寄電子郵件，所以妳最好查一下垃圾信箱。」我查看垃圾信箱，果然……邀請函就在那兒。

這個故事清楚點出我們的投射是如何創造出我們的認知。我因為被困在那個想法，認定自己是局外人而不會被邀請，因此沒想到那封電子郵件有可能在垃圾信箱裡。這種情節太常見了，我早該想到這段時間過濾廣告信的機制攔截了不少電子郵

件。但因為我受困在那個故事裡，心裡只有恐懼，因而切斷了自己與愛連結的可能。

你的注意力在哪裡，能量就到哪裡。我的思緒和焦點因為一直很負面，所以切斷了愛存在的可能。然而，在我禱告的那一刻，我開啟了接收新訊息的意識。這成了我走出恐懼投射的出口。

幸運的是，要走出我們恐懼投射的方法很簡單。《奇蹟課程》的老師蓋瑞就很精闢地以電影院所放映的片子來比喻，他建議我們這麼思考：如果我們走到後面的放映室，換上另一部影片，會是什麼情形？如果我們改變了自己的投射，會發生什麼事？我們會怎麼認知？

宇宙的教導｜你看到自己創造出來的世界，但是你沒把自己看作是影像的創造者

接下來的幾個步驟可以幫助你憶起你的潛藏力量。

▶ 步驟一：你一直在播放什麼樣的恐怖電影？

請運用蓋瑞的比喻，花點時間思考你就是自己人生電影導

演的想法。想想看你在自己的生命螢幕投射了怎樣的影片,然後仔細思考下列問題:

- 你在自己內心的電影螢幕,播放哪些過去的恐怖故事或是和未來有關的投射?
- 這些故事是如何使你覺得孤立無援、快樂不起來?

▶ 步驟二:你一直在播放什麼正面影片?

充滿恐懼的想法會阻礙你融入宇宙的流動,反之,正面的說法/故事賦予你力量。讓我們來仔細看看你透過內心的放映機所投放的正面故事。(你也許現在正困陷在恐懼裡,找不到能夠帶給自己力量的說法。其實只要簡單的敘述就可以了。能夠賦予力量的敘述像是:我在下廚時很開心,感覺和宇宙連結。或是,當我長跑時,我感覺我跟隨宇宙一起律動。)

- 什麼是你在腦中重複播放的正面故事?那些以愛為基調,能帶給自己力量的敘述。
- 這些敘述如何讓你感覺自己被支持並感到開心?

這個練習幫助你瞭解,你所相信的正面投射會支持你與宇宙的連繫,而你的負面投射會使你陷於困境。本書的一個重要

目標就是讓你的正面敘述帶有更多的能量，同時運用接下來的練習幫助你療癒你的負面敘述和認知。

宇宙的
教　導 ｜ 在正確的地方尋找愛

▶步驟三：重新連結自己的力量

當你專注於正面的敘述，你提升了你的能量和存在，甚至強化你的免疫系統，這會使你感覺健康。正面說法讓你有好的心情與感受，當你有好心情和感受時，你就會感覺自己有力量。你的存在就是你的力量。當你在內心的電影螢幕投射的是賦予你力量的故事，你對生命的認知也被賦予了力量。當你活在正面的能量和力量裡，你就成為吸引奇蹟的磁鐵。

我很熟悉與自我力量連結的感覺。當我與我的存在連線，我的呼吸很自在，話不用多想就自動出口。我感到發自內心的自信，而人們與我的能量共鳴。我覺得安全、平靜，與周遭事物的流動融合。當我與存在的力量斷了線，我會有受困、虛弱、疲憊、焦慮和煩躁的感覺。沒有人想在我身邊，我也覺得跟眾人失了連結。能夠清楚分辨這些差異，對我來說非常重要。這樣的覺知會在我失去連線時幫助我察覺，我因此能夠選

擇立刻重新與愛連線。

我會在書裡帶引大家運用許多有效的技巧，主動積極地微調頻率，保持與宇宙的連結。現在就從提高你的覺察力開始，了解與那樣的能量連結是怎樣的感覺，以及外在環境會如何回應你的內在力量。

請花點時間回答下列問題。
當我與我的力量連結是怎樣的感覺？
當我跟我的力量斷線是怎樣的感覺？

你要能察覺並且非常清楚與自己的力量連線和斷線的不同。這個覺知，這樣的覺察力，是你與自身潛藏的力量重新連線的最關鍵步驟。

找回自己的力量很簡單。每當你發現和愛失去連結，說出這段能夠回歸平靜的禱詞：「我看見我和自己的力量失去連線。這不是我要的，我選擇平靜。」

這段禱詞會將你與創造力融合的渴望重新連結。你的渴望就足以協助你開始重建連線。當你有意識的承諾要與自己的力量連結，你就會開始感覺到轉變的發生。

　　某回演講結束，有位聽眾問我，「妳一直都跟自己的力量
保持連線嗎？」我立刻說：「當然不是！我常有失去力量的感
覺，但是我知道怎麼快速回復。」重新找回你的能量和力量，
就像蓋瑞的比喻那麼簡單：當你發現與自己的力量斷了線，你
可以換上另一卷電影底片。透過意圖的力量，你能夠在瞬間重
整你的能量。別忘了，你的意圖創造你的實相。

　　當你了解你的正向存在如何拓展你的外在生活，你就掌握
了你的力量。運用這個新發現的覺察力，你很容易就能知道什
麼時候你跟自己的力量連結，什麼時候不是。當沒有連結時，
唸誦下面的禱詞，幫助自己回到能量流。

　　我看見我和自己的力量失去連結。這不是我要的，我選擇
平靜。

　　這個禱詞永遠都能帶你回到愛裡，使你與你的力量重新連
線。在任何時刻你都可以重新選擇。練習重新選擇會幫助你和
宇宙保持連線。只要一個重新選擇的簡單意圖，就能使你潛藏
的力量浮現，重新恢復你存在的力量。

只要一個簡單的轉變就能使你瞬間重新連結你的力量。隨著你有意識地練習，你會開始感受到愛、感受到能量的流動，以及共時現象和數不清的指引。請認真看待這些宇宙的教導，你的高頻能量會為你在生命中開闢出一條遠超過你能想像的旅程。

- 靜坐冥想和禱告會幫助你接收宇宙的力量。
- 當你沒有仰賴宇宙時，恐懼就會出現。
- 你的投射就是你的認知。覺察你在內心的電影螢幕經常投射哪些恐懼基調的故事。
- 你的存在就是你的力量。你要注意自己的念頭、話語和能量是如何切斷你和宇宙的連線。你要能分辨和自己的力量連線與斷線之間的不同。
- 當你注意到自己與愛的力量斷了連結，這個禱詞可以幫助你回到平靜：「我看見我和自己的力量失去連結。這不是我要的，我選擇平靜。」

我們在下一章將深入討論思想和能量的力量。我會幫助你覺察你的意圖是如何創造了你的實相。一開始你可能會覺得有些難以負荷。畢竟，說到要為自己創造出來的世界負責好像很可怕。但不要忘了，你能夠選擇用什麼角度看待生命裡的每個境遇，包括你的心靈療癒過程。讓我們以熱情展開旅程，以自

我寬恕和恩典，還有對擴展內在覺知的渴望進入第二章吧。這會是個喜悅的過程。請讓自己擺脫枷鎖，臣服於接收到的指引。

開心地玩吧！

第二章

你就是自己的造夢者

我們專注什麼就會創造出什麼 —— 不論好事或壞事。我們從第一章知道，我們投射在內心電影螢幕的故事，成為我們所感知為現實的體驗。我們鎮日蒐集資訊和影像來印證心裡所放的影片。我們的心思因為經常專注在特定的畫面而排除了其他影像。我們也因此是一直在主動選擇我們所認知的世界，而我們愈是專注在某些影像，就愈容易排除掉其他畫面。

《奇蹟課程》第二十一課這麼說：「我要為自己所見負責。」（編注：這裡的「見」不是指肉眼的看見，而是指看待事情的方式）這一課在強化我們所投射的是我們的認知這個概念。《奇蹟課程》強調，我們的認知完全是基於我們的詮釋。譬如說，我們可以把夫妻間的爭吵解釋成想要離婚的理由之一，或是把它看作是學習使夫妻關係成長和更加緊密的機會。我們可以把不理想的健診報告看成非常恐怖的事，也可以把它看作是放慢

腳步的機會，然後開始以感恩的心擁抱生命的每一刻。無論情況有多惡劣，我們都可以選擇用愛或是恐懼來認知和看待事情。我們自身的詮釋決定了我們會如何看待所體驗到的實相。

你也許會這麼想：像我們這樣生活在進步、安定的文明社會裡，不愁吃，有得遮風避雨，該有的必需品都有了（還不說奢侈品）。但那些生活在貧窮國家，面臨或陷入戰爭，或身陷其他危及性命處境的人呢？他們該怎麼辦？還有那些與貧窮或其他艱難處境奮鬥的人？這些人要怎麼選擇用愛的觀點看待他們的世界？

每個人的處境不同，處理這類不同的生命難題的方式也不同。想想艾利‧威瑟爾（Eile Wiesel），他把親身遭遇的猶太人被大屠殺的經驗轉化成一段有意義的生命歷程，成為當代最偉大的作家與療癒者。又如甘地，他選擇用和平的抗爭方式帶領印度走向獨立。又如見證人性最黑暗面的雷瑪‧葛波薇（Leymah Gbowee），她領導婦女團體，協助賴比瑞亞人民脫離可怕的內戰。這些英雄都有個共通點：他們願意用愛來認知和看待自身處境。他們知道，恐懼會帶領他們走向暴力和死亡，而愛終會帶領他們超越黑暗的視角並走進光明。

　　你不必是世界領袖才需要在認知或觀點上有徹底的轉變。有時候改變認知可以很簡單，比如選擇以多點的感恩來看待自己的工作，或是以更多的愛來看待自己的家庭。一個小轉變就能為你帶來終生的改變。以我自己的人生為例，我多年來都是從虛弱的觀點來看待自己的身體，因為我很容易生病。我總是說自己體質不好，說自己很脆弱。用這種認知看待身體，使得我更容易生病。

　　後來，我在三十五歲左右的時候，開始計劃要有孩子。那時我知道自己必須改變。我希望清除會影響懷孕的所有障礙，讓小嬰兒在健康的環境下受孕，我也厭倦了用從前的恐懼觀點來看待身體。我已準備好要改變我在內心螢幕所看到的投射畫面。我相信透過改變我內在的敘述，我會被指引到新的認知。於是，我跪下祈禱一個看待自己身體的新觀點。我祈請指引，任何形式的指引。

　　幾天後，我接到朋友麥可的電話，他說：「我幫你預約了我的自然療法醫師琳達。她的門診真的很難約，但我有很強烈的感覺，妳需要她的幫助，於是我就打了電話過去。」他繼續

說：「其實我也不確定能不能順利幫你安排看診，但神奇的是，當我跟琳達醫師的助理提到妳的名字，她竟然說她樂意協助。原來她一直在追蹤你的動態。」

麥可的慷慨和神聖的共時性，讓我感動得說不出話來，我欣然接受了這個安排。這個指引來得令人驚訝。因為在麥可介入這件事的幾個月前（也就是在我將健康的觀點交託宇宙的前幾個月），我從另一個朋友那兒聽說了琳達醫師，我當時便想預約她的門診。別忘了，那時的我還沒完全臣服於要變得更健康的想法。每次打電話到她的辦公室留言，始終得不到回應。我從朋友處得知要約到這位醫師看診非常困難，我相信他們說的對，於是我放棄了找琳達醫師的念頭，我想她一定忙到沒時間看新的病人了。事實上，是我對自己健康的冷淡態度阻礙了我約到門診。然而，就在我願意用另一種觀點看待身體的那一刻，麥可便收到了宇宙的訊息而介入。

宇宙的　當你開放自己去接受時，宇宙永遠會協力謀
教　導　劃，引領你找到符合你最高善利益的解決之道

收到靈性指引的關鍵就在於你是否敞開心接受。由於我改變了看待身體的觀點，於是得到我正需要的幫助。透過諮詢琳達醫師，我全面整頓我的飲食習慣，去除含糖、酵母、乳類和

麩質的食物。我開始服用有益的營養補充劑和排毒。我對食物、出差和壓力對身體造成的影響變得覺察。這些知識給了我力量。我開始把使用的順勢療法的天然藥物和營養補充劑放進祈禱的內容。我在藥裡注入正面能量，放大它們對身體的效用。我投入在新的內在說法：我在積極地療癒我的身體。我很健康，我是自由的。

這個治療的過程並不是沒有挑戰，但我感受到一股嶄新的力量。我已被指引到最高善的方法，而我也以自己為榮，因為我願意面對。雖然我的身體沒有一夕間療癒，但我確實在一夕間改變了對身體的認知。新的觀點給了我能量和信念朝這條路走下去。新的觀點使我不再恐懼，並且為我在療癒這條路開啟了無限可能。

今天的我很知道要如何對待自己的身體，我知道我的身體在每一刻都愈來愈好。我現在把以前的健康問題看作是偉大的老師。我已經成功轉化了對自己身體的認知，我了解到我的身體是個工具，透過它，我因此能散播愛。這種感覺真是太棒了！

當我選擇從愛的角度看待健康問題的那一刻，我就收到了宇宙的助力。我們如何認知、如何看待生命的境遇，決定了我們會如何反應。如果我們用匱乏、批判或恐懼的心態來看待自身的困境，那我們也會以匱乏、批判和恐懼來回應問題，這實際上也就阻斷了來自宇宙的所有指引。但當我們選擇用愛來看待同樣的問題時，我們就為奇蹟的出現創造了空間。

不論遇到任何處境，我們都能選擇以恐懼為師，或是選擇以宇宙的愛作為指引。

選擇宇宙的愛的指引，對我們來說並不是那麼自然容易的事。因為我們活在一個以恐懼為根基的世界，向恐懼靠攏是與生俱來的，那就像是我們天生的預設值。當我們站在宇宙這一邊，我們表現在外的會是愛；當我們站在恐懼那邊，我們表現出來的是混亂。我們顯化或表現出的，若非愛就是恐懼。想要創造怎樣的實相，是由我們自己決定。

然而，結束恐懼的迴圈卻比你想像的要簡單許多。《奇蹟課程》這麼說：

不用擔心自己怎能學會那和你過去經驗截然不同的人生課題。這豈是你能知道？你的任務十分簡單。你只需認出過去所學的那一套並非自己想要的。隨時祈求祂來指導，不要再用你的經驗為過去所學撐腰。

接下來的步驟將開啟你跟宇宙的對話。這些會成為你靈性練習的根基。在閱讀本書的過程中，你將會不時地用到它們。

▶ 步驟一：請求指引

在你祈求指引的那一刻，你就與內在的智慧──愛的聲音──重新建立了連結。透過接受心靈的指引，你在瞬間就能釋放恐懼並選擇以愛為師。把這個靈性連結想成是一位關愛你的朋友，一個引導你的思想由恐懼到愛的媒介。

就是這麼簡單。只要請求幫助。
現在就試試。
選任何一個你覺得受阻的生活領域 / 層面。

現在就請求指引：「宇宙，謝謝祢指引我以愛為師，讓我看到內心的恐懼。」

說完後，注意自己有什麼感覺。你可能立刻就已感到輕鬆許多。在一天當中持續唸這句禱詞，注意每一次感到輕鬆舒緩的時刻，並且留意收到的指引。我希望這個方法能幫助你發現，原來跟宇宙重新連線是這麼容易，選擇愛的觀點是這麼容易。無論那條陰暗恐懼的路你走了多遠，任何時刻，你都能重新選擇。你永遠都可以重新選擇。

▶ 步驟二：練習體驗神聖瞬間

當你祈禱要透過愛學習，而不是以恐懼為師的那一刻，這就是《奇蹟課程》所稱的「神聖瞬間」（Holy Instant）。（譯注：根據《奇蹟課程》的教導，神聖瞬間是當我們選擇以寬恕取代罪咎，以奇蹟取代怨尤，以聖靈取代小我的一刻，它超乎時間之外。神聖瞬間開啟了通往永恆之門。）神聖瞬間意味你把你的恐懼交給宇宙處理並接受愛的觀點。它不是世俗的，也不是以時間為基準。確切說來，神聖瞬間是一種跳脫時間與空間框架的狀態，在這個沒有時空的片刻，我們做決定的心智知道它犯了錯（產生了「非神聖的瞬間」），因此邀請宇宙的愛的觀點來重新詮釋這個情況。轉換的認知／觀點使我們知道外在世界

是我們在腦袋製造出來並投射到外的結果——問題不是在外，而是在內。我們被提醒有個能幫助我們恢復理智的慈愛靈體的臨在。這就是神聖瞬間。當我們見證到神聖瞬間，我們就體驗到奇蹟。

透過你的新禱詞，你隨時可以練習體驗神聖瞬間。你愈常練習轉換觀點，愈會感受到與宇宙的連結。隨著本書的進行，這項練習會很關鍵。

我最近剛好有個見證神聖瞬間的美妙例子。我有位朋友抱怨自己的老闆很討人厭。他唸個不停，說老闆管理公司的態度很鐵腕，老挑大家的毛病，把工作氣氛弄得很差。我的朋友對這個情形感到氣憤和苦惱，但他願意從不同角度來看待（這是關鍵！）由於他願意這麼做，因此他對我說了這句神奇的話：「我需要幫助，我想從不同角度來看這件事。」這個請求開啟了一扇無形的門，而這扇門通往靈性指引的宇宙國度。

聖靈透過人們來執行工作，而這天聖靈透過我來執行。我把神聖瞬間的概念告訴友人。我向他解釋，透過把恐懼移交給愛的練習，他就能把眼中的敵人轉變成眼中的兄弟。我們後來一起禱告，我們是這麼說的：「聖靈，感謝祢的指引。我們把怨憤的情緒交給祢，我們請祢整頓所有偏狹受限的看法，讓一

切回歸於愛。」

　　朋友的心情瞬間好轉，從他的神情看得出他如釋重負。我們相互道別並接受神聖瞬間的奇蹟。大約一小時後，我接到他的來電，他說：「發生一件很妙的事。當我回到家後，我站在玄關，想起妳說的話。我聽到妳的聲音說：『選擇把他看成你的兄弟。』然後我低頭看著手中的一疊信件，最上面那封正是老闆寄來的耶誕卡片。在那一刻，我感受到一股愛，而我能夠把他看成我的兄弟。我感覺和他的連結不一樣了。我原諒了他，並且祈禱他有個愉快的聖誕假期。哇！」我對他說：「這就是神聖瞬間。你隨時都能感受得到。」

▶ 步驟三：快速回到愛

　　每個人都能感受到神聖瞬間，我們只是要選擇它。我們愈常練習神聖瞬間，就愈能快速回到愛裡。

宇宙的教導	我們快樂與否直接反映了我們從恐懼返回愛的速度

　　這就是我所說的回復速度。你可以多快回到愛裡？我們所感知的世界給了我們不計其數的機會切斷與愛的連繫。只要打

開電視新聞，走進擁擠的地鐵，塞在車陣裡，我們就會感受到恐懼和負面情緒。然而，所謂的奇蹟並不是我們多會避掉恐懼，而是我們多快能回到愛裡。

記得，我們的目標不是避免恐懼。恐懼不會永遠地完全消失，如果你把氣力用來避免恐懼，你會錯過體驗神聖瞬間的機會。你的目標不是避免恐懼，而是不要相信恐懼。

努力練習體驗神聖瞬間。每當你發現自己陷入恐懼，馬上禱告：「宇宙，謝謝祢指引我以愛為師，讓我看到這個恐懼。」

每當我們的念頭與愛相應，我們就能真正感受到在我們背後的宇宙。隨著你開始把觀點從恐懼移開，你對自己想看到怎樣的世界要有清楚的想法。許多人對這個觀念感到不安，因為他們雖然願意交出恐懼，但他們卻有種根深蒂固的感覺，覺得自己不配擁有愛。這樣的思維妨礙了他們走進愛的能量流。

在任何處境下，你都有兩個選擇：你要讓恐懼引導你，還是讓愛來引導？

或是說，你要透過恐懼來學習，還是透過愛？

▶ 步驟四：想得到什麼就發送什麼

我們的能量傳送出訊息，而那個訊息永遠會得到支持。如果你站在恐懼思維模式的那邊，你的經驗就會充滿恐懼。如果你重新訓練自己選擇愛，你就能透過愛的視角體驗生命。這不是因為你的經驗改變了，而是你體會個人經驗的觀點改變了。

舉個莎曼珊的例子。我和這位年輕女子共事已經五年。莎曼珊是位超級厲害的文案編輯，她是我雇用的人員裡非常出色的一位。她不僅工作表現傑出，合作起來也很愉快。久而久之我們成了好友。去年我給了莎曼珊一大堆工作，她都準時交件，從沒例外。怪的是，莎曼珊一直沒把她全部的工作帳單寄給我。每個月我都寫信請她給我費用清單，但她若不是沒回信，就是這麼說：「等我沒那麼忙的時候再處理。」這讓我很傷腦筋。我強烈感覺到她對領取費用這件事的不在乎和對富足的恐懼。她的工作表現優異，我很想獎勵她，但她把富足的能量流堵住了。我什麼也沒說，我相信宇宙正在指引她學習重要的一課。

然後十二月到了，新年的腳步近了。我看了一下帳目，發現一整年下來沒付她半毛錢。我馬上寫電子郵件給她：「小姐，拜託讓我付你費用吧！」沒多久她就回信了，她這麼寫：「我這禮拜正在開帳單，真的！宇宙給我當頭棒喝了——收費很重要。我有好幾位客戶慢吞吞一直沒給我錢（帳單送出去不曉得幾個月了），就差沒緊迫盯人催他們。我把它當作徵兆。我這個星期就會寄帳單給你。愛你喔！」

　　我回信說：「沒錯，這是徵兆。如果客戶想付妳錢但妳沒拿，這等於是跟宇宙說妳並不是真的想要收到錢。然後那些不可靠的客戶接收到宇宙訊息就不給妳錢！現在是妳發送這個訊息和真言的時候了：『我因為傑出的工作得到報酬。而且我準時收到報酬！』」

　　她回覆：「說得好，小嘉。我真的是要被敲頭才學得會。」

　　莎曼珊的故事提醒我們，我們向外發送什麼能量，就會收到什麼能量。

　　花點時間想想，你都把自己的能量專注在什麼地方？你投射的是漠然、壓力、嫉妒，還是恐懼的心態？仔細觀察你所專注的事是如何反射回自己身上。

我希望這一課能幫助你們察覺到自己傳送給宇宙的訊息，以免這些訊息日後成為困擾。想像一下，如果你能在宇宙「敲你的腦袋」之前便先改變你的模式，事情會怎麼演變？如果你能在錢用完之前，如果你能在婚姻破裂以前，如果你能在藥癮將你擊倒前，就先轉變你投射能量的方向，事情會如何演變？

　　為什麼不早點這麼做呢？

　　當我們選擇用愛去感知這個世界，我們就能徹底重整生命經驗。接受這個事實可以省去多年折磨人的戲碼和苦痛。

　　所以，現在就行動吧！你想要透過愛學習，還是想要透過恐懼學習？

　　接下來，寫一份目標聲明，對宇宙的愛許下承諾。

▶ 步驟五：擬寫目標聲明

　　這是給宇宙的聲明。凡事只要白紙黑字，就等於簽下神聖的合約。你要把強大的訊息傳送給宇宙，告訴宇宙你願意放下恐懼，並且你已經準備好讓愛引領前行。把這個訊息寫在紙上！這是向宇宙臣服的重要步驟。學習這條路是無止盡的，但

我們可以和愛的能量連結，使得學習更為有趣。你的目標就是透過愛學習。

如果你已經準備好要透過愛學習，現在就對宇宙說出來。把它寫在紙上或日誌：我已準備好要透過愛學習。

當你對宇宙許下這類承諾，務必留意別讓任何狡猾、以恐懼為基調的故事又讓你困陷進去。那個故事會這麼說：痛苦是有目的的。我們活在一個戲劇化、恐懼、疏離與艱難的世界。我們一直被引導去相信，沒有痛苦就不會有成就。我現在在這裡就要打破這個迷思！痛苦和目標是兩回事。你的目標是開心喜樂。你的目標是活得輕鬆自在。你的目標是向宇宙的愛臣服，讓自己活得快樂。當你接受愛是你的目標，你的生命在這瞬間將會徹底轉變。

每天使用你的新目標聲明。早上醒來時，這麼說：我已準備好要透過愛學習。當遇到逆境或出現負面想法，只要說：我已準備好要透過愛學習。讓這句話成為你的智慧之語。

每當你邀請宇宙重新詮釋你的恐懼並把它轉變為愛，你將會體驗到神聖瞬間。持續練習神聖瞬間，你的觀點就會開始自然而然地趨向愛。我們所說的每個字，所看到的每個影像，若

非象徵愛就是象徵恐懼。當我們選擇的象徵都開始與愛共振時，我們會感受到被更多的愛支持。清楚表明你想在生活裡看到什麼，你要選擇什麼象徵（愛還是恐懼）的決定權是在你手上。

▶ 步驟六：你就是自己的造夢者

你是自己夢境的造夢者；這個夢境就是你的人生。如果你認同恐懼的世界，與宇宙的愛失去了連結，有時你會覺得自己就像在做一場惡夢。當你仰賴宇宙的靈性指引，你將被帶離惡夢並進入快樂的夢境。在這個夢裡有新的認知，而這個認知就是你的真實身分：愛。

為了這個神聖的時刻，請給自己時間進行心像創造的練習。你所專注的心像／畫面將構成你的人生夢境。這個練習很關鍵，因為它使你相信宇宙就是你的靠山。

宇宙的教導｜打造自己想看到的世界

《奇蹟課程》這麼說：「心智的力量非常強大，它的創造力絕對不會枯竭。它從不沉睡，它分分秒秒都在創造。思想和信

念能夠匯聚成一股足以移動山岳的強大力量，只是我們難以看出。」

我們必須學著訓練我們的心智用愛來創造世界，而不是恐懼。這是個很棒的練習，可以讓你開始覺察到你本身的創造力。

練習創造心像的第一步 —— 回答這個簡單的問題：你想看到什麼？

說出你的答案，不用不好意思。也許你想看到世界沒有戰爭。也許你想看到自己陷入熱戀。也許你想看到自己的人生沒有恐懼。把你最渴望的畫面想像出來。

現在把回答寫下來。你想看到什麼？

唸出你的回答，然後閉上眼睛，安靜地坐五分鐘。接著做下述的靜坐冥想。

▶ 創造心像的冥想

挺直腰背坐好，兩手放在大腿上，手心朝上。當你自然地挺直腰背（不要僵硬），你就是接收正面能量的管道。

閉上雙眼，注意力向內。

允許內在心靈（你的靈感）湧現，接受看到的影像。

讓你的內在智慧在心裡創造畫面。

臣服於這個智慧。

深呼吸，用鼻子吸氣，嘴巴吐氣。

隨著每次的吸氣和吐氣，更完全臣服於你想看到的影像。

有意識地專注在這些畫面上。

讓影像引導你進行這趟旅程。

想坐多久就坐多久。

等你準備好了，慢慢從冥想的狀態出來，花點時間寫下浮現腦海的任何影像。也許你想看到的是個剛誕生的小嬰兒，而冥想時看到一個小孩的眼睛。也許你渴望有個戀人，在寂靜中你看到自己依偎在情人的溫暖懷抱。有時候也可能你看到的影像並不具體，但過段時間你自會了解這些影像的意義。

宇宙的教導｜你在寂靜中看到的影像是重要的指引，它保證你是被支持的

如果你沒看到任何影像，也許體驗到的是情緒的反應或能量上的轉變，無論是什麼情形都寫下來。

這項練習是開啟和宇宙能量合作的第一步。當你透過禱告和冥想謙卑地臣服，你會開始收到遠遠超過身體/實體層面的指引。你將會時常感覺有某個存在在你內心和週遭，透過你的思想和感受在指引你。不要害怕潛入無盡的內在智慧，你現在就擁有這樣的智慧。打開你的心，接受新的觀點。允許自己臣服於愛的流動，它一直在引導你。最重要的是，相信並接受自己有快樂的權利。你有權利發光發熱，綻放光彩。讓自己敞開心，進入一個你前所未聞的世界，一個充滿無限可能，一個充滿愛的世界。

現在，你有機會選擇放下那些狹隘和受限的認知，選擇以愛為師，並選擇你想看到的世界。你在這一刻就能感受到你渴望已久的轉變。

記得，時時刻刻都要把愛當成你的首要選擇。我知道你可能會這麼想：嗯，這樣做當然很好，但如果我的老闆是個渾蛋……如果電視新聞讓我害怕，那該怎麼辦？我的回答是：走在黑暗裡，手電筒要拿好。

本章所列的步驟就是手電筒。你想要光，隨時都有。你只要對準方向，把手電筒打開就行了。

現在我們來回顧本章的重點：

- 選擇以愛為師。相信自己寧願透過愛學習。
- 練習神聖瞬間並祈禱放下恐懼，透過愛學習。
- 快速回到愛裡。記得，你的快樂與否直接反映了你把恐懼轉換成愛的速度。
- 把你的想法與愛連線。宇宙永遠會回應在你的信念背後的能量。
- 認真實踐你的目標聲明：我已準備好透過愛學習。
- 你是自己的造夢者。想看到怎樣的世界，把它想出來。

在我們一起繼續這段旅程的路上，請執行這些步驟。這本書每一章的內容會以前一章為基礎；每個你學到的課題將佐證接下來的內容。你愈是投入這些課題，這本書對你就會愈有趣。你現在就可以選擇快樂的學習。讓我們開始吧！

我在第三章會幫助大家了解宇宙是如何一直透過神聖的宇宙功課，引導我們療癒那些基於恐懼的想法和影像。至於要不要接下功課，就看你了。如果你願意面對，精彩的療癒之旅便將展開。

第三章

你一直是被指引的，
即使在你不這麼覺得的時候

隨著你更深入本書的內容，將這句話銘記在心會很有幫助：這個世界是你的教室，其他人則是你的功課。

你在內心的電影螢幕所感知的每一個經驗，都會帶給你兩個選擇：透過愛的觀點，還是透過恐懼的觀點學習。每個事件都是神聖的相會，提供了你神聖的心靈功課；你可以選擇療癒，或繼續困陷在過去的枷鎖裡。如果你選擇面對宇宙給你的功課並且有療癒的意願，那麼許多奇蹟將發生在你身上。如果你不願意面對這些功課，你將繼續被困在對你沒有幫助的觀點和經驗裡。

我的朋友藍斯就是個很好的證明。他在成長過程中選了一個出於恐懼的說法：他不夠聰明。他一直活在努力控制這個恐

懼的日子裡，他用酗酒、談戀愛、工作和各種成癮行為來試圖麻痺他的不安，但麻痺恐懼對他沒有任何幫助。藍斯在他三十歲出頭時，醒悟了自己一直在逃避不安的這個事實。於是他做了一個重要決定：戒酒，展開復原之路。

我是在藍斯的復原初期認識他，我們後來成了好友。當時我正好進入戒酒第十年，非常清楚恐懼在復原初期扮演的種種角色。我因此能夠了解藍斯的經驗，並且協助引導他從不安與痛苦中看到宇宙給的課題。

藍斯在戒酒兩年的時候開始和一位很棒的女生交往。她對他很好，而且很尊重他的意見。她有個特質很有意思，她的幽默感會誘發藍斯缺乏安全感的一面，但這點藍斯一開始並沒有看出來。她常常開他玩笑，說他的消息怎麼老是慢半拍，或是糗他看不懂食譜的說明。原本只是情人間逗弄的玩笑話，卻大大刺激了藍斯。雖然女友只是開開玩笑製造樂趣，她的笑話卻讓藍斯過往那個他不夠聰明的恐懼故事再次活了過來。藍斯將以前的恐懼說法投射到他的新經驗，選擇了用恐懼的觀點而非愛的觀點來看待這件事。

藍斯覺得很受傷，心情低落，想聽聽我的意見。他說：「我打算和她分手。我顯然配不上她。她值得跟比我聰明的人在一

起。」我推翻他的想法：「振作點，老兄！你在胡說什麼。你現在是把你以前的恐懼投射到一個完全不相干的情境裡！」沒過幾分鐘，他就意識到自己是如何把恐懼的觀點投射到他和新女友的相處。

我繼續對藍斯解釋，他這位女友是宇宙給他的功課，幫助他面對自己的恐懼，她的出現並非偶然。因為正當他準備徹底療癒過往的創傷之際，她就這麼奇妙地出現在他的生命。他戒酒的決心發送了訊息給宇宙：他願意放手一搏願意冒險，不讓擔憂或自卑侷限住自己，並且願意重建對愛的信心。我向他解釋，他下意識地請求了更棒更有效的療癒方式，而宇宙回應了——透過一位可愛的女子；她會踩遍他所有的地雷，逼得他不得不正視自己的恐懼。

藍斯起先很排斥這個說法。「這太痛苦了，我應付不來。」他說：「她應該找個更聰明的對象。」我說：「你願不願意做個自由快樂的人？」他說：「那當然。」我回：「那你最好現在就接下這個功課，不然以後不管你遇到什麼對象，同樣的情形都會一再出現。」藍斯把我的話聽進去了，也接受了我對他面對宇宙功課給的建議。

你很可能也有個宇宙的功課等著處理。它也許是被你投射

到現在的舊日恐懼。也或許，你和藍斯一樣，並不曉得自己是要面對什麼。也說不定你認為自己在這個世界是個受害者，而你無能為力。那麼，我現在就要粉碎這個迷思。你不是受害者，而且你可以過得快樂又自由。如果你準備好要展開通往自由的旅程，那麼現在就是站出來接下宇宙給你的功課的時候了。

| 宇宙的 教 導 | **世界是你的教室，人是你的課題** |

以下是我跟藍斯分享的方法。你可以開始照著這些步驟，接下宇宙的功課。

▶步驟一：認出功課就是超越恐懼

第一步就是認出表面看似令人難受的情境，其實是宇宙給的功課。換言之，看著自己那些瘋狂荒謬的想法，直接叫出它的名字：恐懼。然後接受恐懼以神聖功課的方式出現是為了幫助你療癒與成長。

徹底、誠實地檢視造成你痛苦的處境，認出所有引發你恐懼想法的人或情境。讚許自己有勇氣面對而沒有逃開。為自己

將此事視為功課而自豪。

要相信，如果你還沒準備好接下這個功課，你就根本不會打開這本書了！選擇了這樣的一本書，表示你下意識簽下一紙神聖合約，表明你已準備放手一搏，你已準備好要療癒，準備好要自由了。

▶步驟二：接受你無法避掉功課的事實

第二步的重點只有一個，就是接受你無法避免這個功課，頂多延後。如果你今天選擇不接下這個功課，它以後會以另一種關係和經驗出現。如果你不站出來面對，它會持續出現在你的生活裡。

在這個情形下，你有兩個選擇。第一，你可以跟隨恐懼──什麼都怕，然後拔腿溜。有時候這個做法好像最安全，但相信我──它不是。逃離恐懼就好比在跑道上繞圈圈，最後你必然會回到同樣的起跑點，一次又一次，直到你真正接受它為止。

所以請不要跟著恐懼的腳步，你應該勇敢面對，接下宇宙的功課。你要願意站出來面對這個功課，徹底把它完成。你要

相信，宇宙絕不會給你無法應付的事。

▶步驟三：正視並尊重你的感受

　　站出來接下宇宙的功課需要你願意感受這個功課所觸發的痛苦，這樣你才能從過往的經驗療癒。許多走在靈性道路的人省略了這個非常重要的步驟。雖然使用肯定語面對恐懼或努力要它消失並不難，但隱藏在我們創傷經驗底下的是不曾被感受的怒氣、怨恨與恐懼。

　　要療癒長久以來的痛苦就開始於你承認痛苦存在的那一刻起。允許自己看見內心的憤慨、怒火，以及潛藏的怨憎。我們在第二章重新檢視過你投射到生活裡的故事。現在，請花些時間正視那些藏在故事底下的情緒。在所有出於恐懼的投射底下，是你埋藏在內心深處，長期漠視的傷口，因為你害怕感受舊日的傷痛。

　　為了不感覺傷痛，你把它投射到別人身上、投射到周遭的環境，甚至你的身體。你那害怕的心智會想盡辦法把你的注意力從傷痛的感覺轉移，因為當你開始感受到痛的那一刻，也就是你開始邁向療癒的時候。

我們緊抓恐懼不放的原因是出於習慣。當然，我們也以為否認自己的痛苦會比較安全。但無論我們多麼懂得逃避感覺，我們所壓抑的感受仍舊存在。雖然面對內心深處的傷口看似可怕，但在另一端永遠會是心靈的自由。

當你開始慢下腳步，打開你的心，你也許會漸漸察覺到自己一直在用哪些方法抗拒真正的療癒。你也許看見你的成癮行為是如何掩蓋了你的感受，或是你緊繃的能量是如何逼得你加快生活步伐，因此你從未放慢腳步好好地去感受自己的情緒。這些行為都是無意識的抗拒形式，表示你在不自覺地抗拒。

當你允許自己去感受存在於內心深處的感覺，不論那是怎樣的感覺，真正的療癒就會發生。與其結束一段感情、辭去工作，或想辦法逃避你的功課，不如先讓自己徹底感受所有的痛苦和憤怒，好好地面對。

當你注意到宇宙的功課觸發了你的強烈情緒，請接納你的痛苦。

感受痛苦，允許它通過，痛苦的威力將會漸漸減弱。讓自己感受痛苦有助於釋放你對它的恐懼。與其用不當的行為發洩或是將所有氣力用來逃避那種難受的感覺，你可以去感受它就

好。當這麼做時，你就是在真正地擁抱宇宙的功課，你將能一舉療癒逃避痛苦的行為模式。

有件事必須注意：當你練習得愈深入，你可能會開始挖掘出一些令人困惑的感覺或記憶。深入感受自己的情緒時，創傷的記憶或感覺往往會隨之浮現。請留意這點，如果在任何階段你發現這些感覺讓你承受不住了，不要猶豫，請尋求專業心理諮商和治療。

如果你覺得你可以安全地正視自己的感受，你就可以開始進行以下這個簡單的靜坐冥想。

坐在一個安全、舒適、不會被打擾的地方。

深吸一口氣，認出身體哪些地方有痛苦、憤怒、忿恨和恐懼的感覺。然後把你的手放在身體的那個位置，把能量和注意力帶到那裡。

緩緩地深呼吸，讓自己感受那個部位的痛苦（身體與情緒兩者）。

繼續深呼吸，感受這些痛苦與不安。探索這些情緒的深度時，對自己要有愛，溫柔對待自己。

隨著每次的吐氣，把痛苦釋放出去。

持續這樣深呼吸，你會開始感覺痛苦在漸漸消散。身體

的緊繃釋放了，你開始放鬆。

　　只要這樣做能帶給你舒緩，繼續做下去。

　　當你覺得自己不再那麼緊繃了，壓力釋放了，深吸一口氣，然後吐氣。隨著每一次的吐氣，你會覺得越來越輕鬆。持續這個呼吸練習一分鐘。

　　現在，深吸一口氣，把氣帶到身體覺得痛苦的地方。用手輕按住這個部位，先暫時屏住呼吸，想像有一個金色光球將金光傾注到身體的這個地方。吐氣時，釋放苦痛。

　　做最後一次深呼吸，放鬆。

當準備好了，請睜開眼睛。

　　這個靜坐冥想法能夠帶給你一種從未有過的自由感受，幫助你輕鬆面對宇宙的功課。請天天練習或一天甚至練個好幾遍，允許自己擁抱痛苦和不適。你將會愈來愈熟練，最後甚至可以平靜地感受你的感覺，你會發現自己潛藏的憤怒、氣憤和痛苦都得到很大的緩解。

▶ 步驟四：召喚慈悲心

當你開始去感受你的感覺，你很可能會發現心裡有股平靜生起，讓你擺脫了恐懼。接下來的步驟是召喚慈悲心。療癒舊傷口的方法就是正視自己的經歷，承認過往的經驗制約了你，然後讓自己感受到你對自己慈悲的愛，讓心靈回到平靜。慈悲心是憤怒、憎恨和恐懼的解藥。慈悲心讓自己得以放下並允許深層的療癒展開。

召喚慈悲心的步驟過程要從自我對話開始。想像你遇到一個天真的孩子，這個孩子剛剛經歷了情緒的衝擊，這時你要怎麼跟對方說話？想想看你會對他們說什麼疼惜的話，你會給他們怎樣的能量？然後以同樣程度的愛對待自己。

花一點時間，想想你可以用哪些方式對自己慈悲地說話，把它們寫下來。舉個例，當我發現我被宇宙的功課難倒時，我會讓自己感受生氣和憤怒的感覺。然後我發現會有這些感覺是因為我覺得我很難讓人喜歡。這個恐懼源自一種想法：我不夠好。一旦了解了這些感覺的起因，我會慈悲地引導自己回到愛自己。我對自己這樣說：「小嘉，你又回到那個舊有的信念和思考模式了。這些故事讓人很痛苦，我尊重你的感受。我知道要承受這樣的事很不容易。我非常疼惜你此刻的感受。體驗這

些感覺是安全的。我愛你。」

這些話會很快讓我平靜下來。這是一種善待自己、愛自己、自我安撫和疼惜自己的練習。

宇宙的
教　導當你對自己的愛足以使過去的黑暗再也無法與你的信心共存，療癒的過程隨之展開

一旦你練習了怎麼疼惜自己，善待自己，接下來就可以準備要求宇宙的協助。

▶步驟五：信任宇宙

設計步驟五的目的是幫助你學習依賴宇宙的協助與指引。別忘了，宇宙絕不會丟給你應付不來的事。無論你遇到的宇宙功課看起來有多棘手，你都可以放寬心，因為宇宙永遠在為你的最高善利益著想。接受宇宙作為你的後援，你就再也不用依賴自己的力量解決問題。

如果你不習慣信任宇宙，沒關係。本書的每一章都會加強你的信心，並且強化你和宇宙的關係。今天，就從接下來的這段美麗禱文向宇宙請求協助，由此建立你對宇宙的信心：

「宇宙，謝謝祢為了我的靈性成長和療癒賜予我這個神聖的功課。我準備好了，我願意面對並以愛接下這個功課。我請求祢的支援。請為我引導方向，指引我該做什麼，該說什麼。我信任我會受到指引。」

▶ 步驟六：承認並處理傷口

一旦你接受了你的功課並將它交託給宇宙療癒，你的心情會頓時輕鬆許多。知道自己已經啟動療癒舊有行為模式的過程，你會感到解脫。你愈是臣服和放下，就會感到更有信心。

然而，那些在你的恐懼故事裡擔綱演出的人，他們該怎麼辦？在藍斯的例子裡，他的女友完全不知道他那麼生氣的原因。當藍斯願意面對並接下他的功課時，我建議他療癒倆人之間的能量。他的做法是對女友坦承自己的恐懼，承認自己有功課要面對。他向她解釋，他的心裡有個舊傷口，現在他已經準備好要療癒那個傷口了。他也說她的玩笑話掀開了他的傷口，他為自己因為恐懼而導致的舉動向她道歉。當他對她坦承他的恐懼，他們立刻感覺更親近了。

我們通常很怕自己表現出脆弱的一面，但脆弱具有不可思議的力量，它會讓人與人之間產生真實的連結。當你準備好了

要清掉心裡的垃圾時，不用害怕表現出你的脆弱。沒有什麼比你的真心話更有魅力了。

▶ 步驟七：歡喜展開療癒

最後一步，是允許療癒自然而然地展開。你只需要願意面對並接受你的功課，祈求傷口得以療癒。在你持續練習本書課題的過程中，你對宇宙的信心會愈來愈深化，你會得到從沒有過的釋放傷痛的機會。你只要後退一步，讓宇宙領路；逐漸展開的奇蹟將令你讚嘆。

宇宙會為你解決你無法解決的問題。我生命中最棒和最有效的療癒經驗，都是宇宙為我安排而不是我自己製造發生的。這就是靈性道路的美妙之處。當你放手讓宇宙做祂的工作，真正的療癒就會出現在你眼前。宇宙無時不刻都在協力策劃帶領你走向正直的思維與愛的能量，而決定要走向愛還是走向恐懼的是你。這整本書就是在教你練習走向愛，練習久了，走向愛便是自然而然的事。現在就接下你的功課，按照這些步驟進行吧。

依循這項計劃練習的回報是，以後你面對人生的際遇，不會再有無力感，而且不會再扮演受害者的角色了。你的靈性之

路會帶給你一種你從未感受過的力量——這個力量就蘊涵在你體驗到的臣服裡。

對現在的你來說，要臣服於所發生的一切可能令你害怕。這是正常的，我一點也不意外。保持簡單吧，就從臣服於這個事實開始：你願意面對並接下宇宙的功課。這就是最好的起點。

當藍斯接下他的功課時，他讓女友看到自己脆弱和真實的一面。他照著這些步驟，釋放了過往的恐懼對他的束縛，也療癒了他錯誤的認知。雖然過了一段時間，兩人的關係最終還是在雙方同意下結束了，但藍斯沒有因此失望，因為他內心知道，她走進他的生命是有原因的；就在他準備要面對宇宙給他的功課之際，她在神聖的安排下出現了。雖然他們沒能在一起，這段關係卻很奇妙。這個奇妙不是兩個人廝守一輩子與否；而是藍斯接下了宇宙的功課，並且轉變了他對自己和世界的認知。

你也一樣能得到同樣的解脫。只要勇敢面對，接下你的功課，你便能與他人建立更深刻的關係，對他人也會更有信心。你會學到，表現脆弱是安全的。你會覺得自己再也沒必要逃避過去的傷痛，因為它們再也沒有能力控制你。

　　你可能覺得正視自己的恐懼，站出來接下自己的功課是很恐怖的事。因為內心的恐懼在你生命中很可能已經大聲呼喊許久，而且你已經習慣依賴恐懼來維持你各方面的「安全感」了。恐懼疏離了你與他人的關係，也切斷了你與愛的連結。因此，這個練習的過程可能會引發許多令人難受的情緒。但你要歡迎這些情緒！不要閃躲，這是徹底療癒的必要條件。下定決心，毅然決然地去做，並且對這個過程要有信心。

　　我敢保證，你一旦站出來接下宇宙的功課，就會得到自由。我會得到這麼美妙的療癒與心靈成長的經驗，全是因為我願意這麼做。如果你覺得自己還沒準備好面對你的功課，沒關係。無論這本書看到哪裡，你隨時都可以回到這個章節，依循這條路走。你在心態上的準備就緒會是促成強力轉變的關鍵。

　　以下是療癒你的宇宙功課的步驟重點。

* 認出你的功課，直接叫出它的名字：恐懼。
* 接受事實，知道這門功課你無法逃避也躲不掉，你願意站出來面對。心態上準備就緒，將會為你掃除阻礙，

開出一條路來。

- 召喚慈悲心為你開路。
- 請求宇宙協助,仰賴力量比你更強大的存在。
- 承認傷口,負起你在這個處境應有的責任。
- 歡迎療癒並期待奇蹟。

在接下來的第四章,我會引導你到臣服宇宙的下一步。我會幫助你了解你的心像、思想與觀點是如何影響你的能量,並告訴你如何讓你存在的能量更有活力。

請繼續保持心胸開放,樂於接收新觀點,好好享受我們共行的這趟美妙旅程裡的每一步。

你散發的振動比你說的話更有力量

　　本書前幾章介紹了一個觀念：你在心裡編織的故事與內心的想法創造了你的實相，也就是你的現實生活。現在，我們要進一步認識你所投射的思想和話語是如何影響你的能量場——以及你的能量場又是如何影響你的人生。《奇蹟課程》這麼說：「沒有無謂的念頭這一回事。所有的想法都會在某個層面成形。」當你的思考正面、充滿愛，使用的字、所說的話讓自己和別人覺得有力量和自信，你會感覺很棒。但當你的思想和言語專注在匱乏、批判和分離，你自然感覺很糟。你的想法和話語會影響你的神經系統及能量，事實上，影響你的整個生命經驗。

　　現在起，請特別留意你的思想和話語是如何影響你的能量。你的能量是你的力量的最大來源。如果你振動出高昂、充滿愛的能量，你就會收到高昂、充滿愛的能量回到身上。反

之，如果你發出的是低階能量，你收到的會是低階的能量與經驗。因此，你的力量在於你能否隨時改變能量，提高自己接收高頻振動、充滿愛的能量的能力。

瑜伽行者巴贊（Bhajan），這位把昆達里尼瑜伽術（Kundalini）引入西方國家的瑜伽大師說過，「如果你的存在沒有影響力，你說的話也不會有影響力。」與你的存在連線，意思是你允許宇宙的能量自然地流過你，這意味著你已將所有狹隘受限和渺小的信念擱置一旁，並與愛的思想、話語及感受重建連結。簡單來說，你的能量就是自由流動的愛的展現。

若能做到與自己當下的能量同步，保證你和宇宙的連結會更緊密。這樣的連結會使得人際關係更深刻，你會得到來自宇宙的同步支援，容易產生靈感，並在不安定的環境中感到安全。

在我的演講生涯裡，我有過多次與當下力量完全連線的神奇經驗。有一回的演講特別令我體會到當下與自己真正的力量同在的那種不可思議的感覺。那時我在德國漢堡演說，大多數的聽眾只會聽德語。百分之八十的聽眾戴上耳機，聽翻譯員把我說的話用德語複述一遍。這是我第一次演講搭配口譯。走上講台之前，我祈禱並冥想，請求宇宙指導我如何幫上這群人。然後我就把演說這件事交給我的內在指引來處理。我腳剛踏上

講台，就聽到內在指引這麼說：「不要依賴你說的話，要依賴你當下的存在。」這個直覺深深打動了我。演講一開始，我把說話速度放得很慢，讓自己被自己所敘述的故事內容感動。我相信，只要我能被自己傳遞的訊息感動，聽眾也會被感動。

演說進行到一半，我看著戴著耳機的聽眾說：「我有個請求。我希望大家可以拿下耳機，透過我的能量來體驗我的演說，而不是透過我說的話。」他們都很願意配合，全都拿下了耳機。在那一刻，我感覺自己與聽眾之間好像有一股能量流在舞動，彼此透過能量的振動交流。我發現有人哭了，手伸入包包取出面紙。在沒有口譯的情況下，他們還是能夠感受我的意念的頻率。直到演講結束，沒有一位聽眾把耳機戴回去。

隔天早上，我飛往倫敦參加另一場既定的演說行程。那是連著週末兩天的活動，我是活動閉幕的演講人。聽眾從星期六早上到星期天下午已經聆聽過許多講者的演說，輪到我上台時，他們已經很累了。更糟的是，我太晚抵達休息室，而且裡面滿滿是人。我不但沒有離開到別處靜坐，反而留在原地與其他講者閒聊。突然間，我在一陣混亂中被推上台，對著一群已準備要回家的疲憊聽眾發表閉幕演說。我因為沒有先好好整頓自己的能量，加上聽眾的能量也很低落，結果這場演說令人失望。問題不在於我沒有講到重點，或是演說離題——我沒有。

問題出在我沒有調頻連結宇宙的能量，以我當下的存在來演說。還記得瑜伽行者巴贊說的話嗎？「如果你的存在沒有影響力，你說的話也不會有影響力。」

那一天，我對自己和我的演講聽眾許下這個承諾：如果我沒能與自己當下的存在連結，我就絕不上台。

> 宇宙的教導 | 當你感受到別人真實的存在，你也會記得自己的真實存在

為了確保我在生活各層面都與自己當下的存在連線，我練就一套釋放恐懼，與愛連線的妙招。做法如下。

▶ 步驟一：不讓小我心態擋路

我們無法連結愛的最大障礙，就是因為恐懼的存在。當恐懼的念頭當家，我們就會把自己困在小框框裡，切斷與自身力量的聯繫。我常常被念頭困住，讓自己的思緒飄到恐懼的渺小框框裡。我會為了一件小事煩惱得要死。我會為了幾個月後的班機行程掛心，我也會把自己困在某個恐懼故事，像是擔心電子郵件的群組發送可能出狀況。

當我陷入自己的荒謬想法，我會怎麼做呢？我會認出混亂念頭的出現是因為我對愛的抗拒。我見證這些念頭的存在，想起它們阻礙了我與宇宙的真實連結。然後我會脫離那個想法。我透過祈禱，讓宇宙愛的能量引導我的思想走出恐懼和懷疑的渺小框框，重新回到愛裡。

我這麼祈禱：「我後退一步，讓宇宙帶路。」

這個禱告讓我馬上不再胡思亂想，並帶我回到我的力量。我會整天隨時唸這段禱詞，讓自己與宇宙的愛保持連線。只要發現恐懼又讓你陷入困境的時候，你也可以這樣禱告。

▶ 步驟二：透過靜坐冥想校正你的能量

我每天靜坐冥想，一來強化我和宇宙的關係，二來微調自己的能量。在靜坐冥想的狀態下，我們啟動與宇宙的連結和同步的協助。靜坐移除我們的疑慮、侷限和恐懼，重新將我們與愛的能量流連接。當我冥想進入寂靜的狀態，我發現我的能量會隨著宇宙能量轉變。這樣校正自己能量的感覺很像樂師在進行樂器調音。一旦我們把自己的頻率與愛和宇宙校準並建立連結，我們就會覺察到存在於周遭的共時性現象及協助。

有一回我到多倫多演說，我在演說開始前靜坐十五分鐘做準備。在寂靜中，我感覺到四肢麻刺，我的能量轉變了。然後我開始接收到自己站在台上的影像，台下有許多聽眾。我看見自己小小的身軀有雙巨大的天使翅膀從我的肩膀延伸展開。這雙翅膀大約十五公尺長，籠罩整個講台。這個畫面讓我流下了眼淚。冥想結束沒多久，我走上講台，這雙翅膀也跟著我上台。我在講台上的感受，跟我靜坐冥想時收到的感覺是一樣的。我與這次聽眾互動的經驗很奇妙。我帶著自己的存在上台，幫助聽眾喚醒他們自己的存在。演說結束後進行簽書會，有位女子走上前對我說：「妳說得太感人了。我覺得妳好像有雙天使翅膀在講台上伸展開來。」我笑著說：「我真的有。」

　　我們在靜坐冥想時收到的畫面，能夠引導我們憶起自己真實的存在是多麼耀眼輝煌。透過靜坐冥想，把頻率對準你的存在，帶出你力量的最大源泉。

　　我學習與教導昆達里尼瑜伽好幾年了。昆達里尼瑜伽是很有效的靜坐冥想法，它可以快速把你與宇宙的能量牢繫一起。還有一種簡單而深刻的靜坐冥想法：科爾騰‧克里亞（Kirtan Kriya），它可以把你的注意力從恐懼和疑慮轉移，你會覺得自己與愛深深相連。

科爾騰在梵文的意思是「唱頌」；克里亞則是一套特定的動作。設計這套克里亞動作是為了使身體、心靈和情緒平衡，提升你當下存在的力量，並促使療癒發生。

　　科爾騰・克里亞結合了梵文真言和手印，可以提振你的心靈並建立你和宇宙神聖能量之間的深度連結。在練習科爾騰・克里亞時所唱頌的真言 *Sat Nam*，意思是「真理是我的名字」。

　　接下來的手印在這套克里亞非常重要。

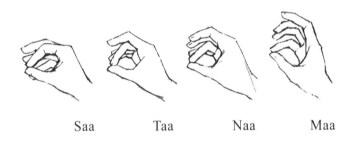

Saa　　　　Taa　　　　Naa　　　　Maa

以下便是科爾騰・克里亞練習法：

舒適地坐在椅子上或盤腿坐在地板。

肩膀往後，脖子伸直。身體挺直，讓你的身體成為接收宇宙的愛的容器。

用大拇指依序輕敲你的食指、中指、無名指和小指（如圖

示），邊重複念誦Saa Taa Naa Maa（音譯：撒塔那瑪）這個真言。唱誦真言的同時，想像聲音從你的頭頂流入，從額頭中央（第三眼）流出。

開始的兩分鐘，用正常的聲音唱誦。

接下來兩分鐘，低聲輕唱。

接下來四分鐘，在心裡默唸這幾個音。

然後順序倒過來，低聲輕唱兩分鐘，再大聲唱誦兩分鐘，加起來總共十二分鐘。

冥想結束前，深呼吸，雙手伸展高過頭部，再把手緩緩放下，向外側甩去。

練習十二分鐘（或少於十二分鐘）。

每天練習科爾騰‧克里亞十二分鐘，已被證實可以減輕壓力，增強大腦記憶區塊的活動。你可以使用這套靜坐冥想法放慢生活步調，調整頻率。

▶ 步驟三：設立能夠帶給自己力量的意圖

你想融入當下力量的意圖就足以使你重新與愛連線。建立意圖的做法很簡單，你可以對自己說（不出聲或大聲說），你已準備好與你的存在重新連結。這個聲明如同向宇宙傳送訊息，表示你願意放下恐懼，將自己的思想和能量與愛連線。每

當你發現自己與愛失去連線，設定回到愛的意圖。你的意念比你所能想像的強大得多。

　　想一想，你在一天中設下了哪些意圖。你是不是想要快點把事情完成？很想達到目標？想逃避不好的結果？只想過了這天就好？如果你的意圖是讓自己有好心情呢，這時會如何？

宇宙的教導｜**你的意圖會形塑你的實相**

　　我的朋友潔西卡的故事就說明了意圖的力量有多強大。潔西卡經常抱怨她是她們那票女生裡唯一單身的，她連找個約會對象都有困難。她的想法、所說的話和能量，全都專注在沒有伴侶這個問題。

　　身為她的朋友，我終於到了有必要說些話的時候了。我對她解釋，她把自己的能量全用來告訴自己和這個世界，單身很慘，世上沒有好男人，這對她要找約會對象並沒有幫助。我告訴她，專注於負面思緒會減低她的能量，使得她無法吸引未來的約會對象。我要求她建立新的意圖，建議她不要再把時間用來抱怨找不到對象，而是專注在這個對象確實可能存在。

潔西卡接納了我的建議，她用三個星期的時間重新調整思緒的焦點，每天一開始就先將意圖專注在吸引伴侶。她後來熱衷網路約會，花時間在社交生活，整個人也很有精神。她改變自己對約會的說法，不再抱怨約會有多糟，她開始對自己這麼說：「我在顯化我的伴侶的出現，我在為他的出現做準備。」這樣的意圖和話語給了她力量。一個月內，她有了兩次很棒的約會，四個月內就正式交往了。

宇宙的教導 | 你發送什麼訊息，宇宙就收到什麼訊息

潔西卡的故事有引起你的共鳴嗎？你是如何阻擋了正面能量向你的渴望流動呢？

如果你準備好要重新調整專注的焦點，現在就以建立新意圖開始。選擇翻轉負面想法和能量。找出你在生活裡的哪些層面堵塞了愛的能量流入，然後設立新的意圖。也許你想要自己過得更開心，也許你想專注在自己已擁有的，而不是想著自己所缺少的。徹底翻轉你的恐懼觀點，開始拓展新的觀點和認知——一個以愛為後盾的觀點。

現在就設立你的新意圖，把它白紙黑字寫下來。

現在你已經有了明確的新意圖，你可以不時地大聲唸出來。早上醒來就明確且自信的設立意圖。當你感覺自己又落入恐懼的循環，再次設定你的意圖。只要堅守你的正面意圖，你將會開始感受到宇宙的能量在支持你。

宇宙的教導｜能量跟著你的意圖流動

▶ 步驟四：了解喜悅的力量

能賦予我們力量的意圖會帶給我們喜悅，而喜悅就是世間一切美善事物的催化劑。我的朋友羅伯特・霍登（Robert Holden）（譯注：心理學家和作家）說：「當我們努力讓自己快樂，我們便增加了成功的機會。」我很喜歡這個說法。但是許多人卻有意或無意地選擇了走向恐懼。某種程度上來說，我們迷失在這樣的觀念裡：我們以為痛苦是有目的的。我們也真的相信，生命必須經歷奮鬥掙扎才有意義。這些受限的信念對我們的人生具有破壞性的影響。

事實上，我們愈快樂，我們在世上愈能散發更多的光，愈能展現自己存在的力量，並散發更強大的正面能量。

喜悅是力量的來源，它讓我們服務他人；它讓我們在陷入看似絕望的處境時，產生靈感，找到巧妙的脫困之道；它讓我們願意慷慨付出，幫助需要幫助的人。

只要一個人的存在散發喜悅，就足以對當地與全世界產生重大的正面效應。和平、愛與喜悅的能量，具有轉變世界的力量。瑪哈里虛・瑪赫西（Maharishi Mahesh）瑜伽行者是一位靈性導師，他於一九五〇年代在印度發起超覺靜坐運動，並把超覺靜坐傳入西方世界。他曾這麼預言，假如一個地區的居民有百分之一的人靜坐冥想，這群人所凝聚的力量便能改善該區全體居民的生命品質。他相信這群人所創造出的和諧磁場，以及喜悅與平和的能量，能為該區其他居民的生活帶來更多平靜與和諧。瑜伽行者瑪哈里虛的論點是，當人們聚在一起靜坐冥想，心裡都想著和平，那麼他們大腦的阿爾法波（α波）也會跟著同步。這種凝聚的腦波，會使得沒有靜坐的人的潛意識也接收到同樣腦波的屬性。

瑜伽行者瑪哈里虛的預測在一九七六年的一項研究得到了印證。在這個案例，一群僧人被派往犯罪頻繁的地區。這群被派遣的僧人相當於該區總人口數的百分之一。僧眾在這個地區冥想一段時日後，犯罪率下降了驚人的百分之十六。這個現象——靜坐冥想產生的喜悅能量所具有的力量，轉變了集體

意識的能量——稱為「瑪哈里須效應」（Maharishi Effect）（亦譯為瑪赫西效應）。瑪哈里須效應之所以有用，正是因為這群人靜坐時的阿爾法波發揮了強大效力，這樣的腦波瀰漫在空氣中並觸及居住在同地區的人們，因此對他們的心情、思緒與行為產生正面效應。有關這個主題的詳細內容，可翻閱大衛・翁姆強森（David W. Orme-Johnson）於二〇〇三年發表在《更生人期刊》（Journal of Offender Rehabilitation）的文章：〈透過瑪哈里須效應預防犯罪（Preventing Crime Through the Maharishi Effect）〉。

當一群達到群聚效應人數的靜坐者在一起靜坐冥想，他們就能為社會，甚至整個星球帶來秩序。榮格這位指標性的心理學家兼精神科醫師就說過：

我們的個人心理學只是很淺的層面，它不過是集體心理學這個汪洋裡的海面漣漪而已。有個強大的、可以改變全體生命的要素，它能夠改變我們所知世界的表象，能夠創造歷史，這個要素就是集體的心理活動。集體心理活動運作的法則和我們意識表層運作的法則，全然不同。

在我們的意識／覺知深處，有一條通道直達能量的統一場域（unified field）。透過禱告、靜坐冥想、正面意圖和喜悅的

心，我們可以使這個場域活躍起來，並為這個世界創造和平的漣漪效應。如果你能把快樂當成最重要的事，每天透過靜坐冥想對準快樂的頻道，你不僅會感到和宇宙深刻的連結感，你對生命中的人與事，甚至陌生人的生活，都將發揮極大的影響。你有能力成為實踐靈性的參與者。你可以透過自身的正面能量為周遭的人帶來療癒。我們所送出的能量若不是污染地球，就是療癒地球。你選擇怎麼做？

<table>
<tr><td>宇宙的
教　導</td><td>當你在喜悅的狀態，你對世界萬物就能發揮正
面效應</td></tr>
</table>

你有各種心靈工具可以使用。你可以運用前三章的方法來轉變你的觀點，然後使用本章的新練習幫助你在生命中培養喜悅、快樂與平靜的心。這會加深你對宇宙的信心，並帶出你內在的力量。

一旦你接通這樣的力量，你會開始注意到真正的改變。人們會想跟你相處。他們因為你的在場而感到力量被提升、感到振奮，他們恐怕也不知道為何如此。你會變得更朝氣蓬勃、充滿活力，各方面更有魅力，甚至更聰明和敏銳——你自己也感覺得到。最重要的是，身處這個常常令人覺得完全無能為力的世界，你會覺得自己是有力量的。當這個世界的災難和悲劇

令你難以負荷，你將能認出這個感受是來自與宇宙的愛的分離。藉由靜坐冥想啟動阿爾法腦波，你把愛的頻率傳送全世界，驅散分離感，並且與在你身後的宇宙共同創造喜悅與和平。

▶ 步驟五：朝向喜悅的方向，你將得到指引

現在你已經知道思想、話語、意圖和能量可以影響這個世界，那就下決心努力朝向喜悅與和平的方向吧。

花點時間思考下列問題。把你的答案寫在下方空白處或筆記本。

什麼會帶給你喜悅？
你可以採取什麼積極的做法，為自己的生命製造更多喜悅？
你可以怎麼為生活裡沒有喜悅的領域帶來喜悅？
如果你把喜悅當成是你生活中最重要的事，你的人生會是如何？

我有幾十年的時間是走向恐懼，但隨著我在靈性道路的進展，我開始這麼想，如果我就是朝喜悅走去，我的人生會是如何呢？這個疑問令我展開一項個人實驗。我開始用自己得到多

少樂趣作為衡量成功的標準。我開始尋找樂趣。我開始嘗試新嗜好，對自己的狹隘想法感到好笑，我不遺餘力地從各種情境中尋找喜悅，尤其是生活中較棘手的領域。只要發現自己陷進了負面心態，我會挑戰自己從開心的角度來看待事情。我會對自己這麼說：「如果我選擇開心面對這件事呢？如果我選擇用好玩的心態呢？」每回只要問自己這個問題，我就能瞬間回到開心的狀態。

喜悅不是只有嘗試新嗜好或有趣的事才能獲得。喜悅可以來自於你想要有多一點歡笑或樂趣的決定；當你決定想要多一點樂趣，你就會感到開心。你不必歷經折磨或奮鬥才能讓人生多點喜悅！喜悅是你做出的選擇。

舉個例子。比如說，你很討厭塞車（我們多數人不都這樣？）這種情形往往令人無奈。你必須前往某個地方，結果你被外在因素拖慢了速度。遇到這種情形，你有兩個選擇。第一，坐在車陣裡氣得冒煙，在心裡（或者大聲）咒罵前面和隔壁的車子，大力地鳴按喇叭。這樣的負面心態弄得你很沮喪，甚至可能發生擦撞事故，因為操縱方向盤的你氣炸了。這個情境聽起來是不是覺得很熟悉？

現在我們來看看第二個選項。困在車陣裡的你，看到自己

的沮喪。你沒有因此而抓狂，反之，你這樣禱告：「宇宙，謝謝祢幫助我在這個處境裡找到喜悅。」很快地，你就會開始向喜悅邁進。與其想著自己討厭遇到塞車的種種原因，你選擇找方法讓這個經驗變得有趣。你可以播放自己一直沒空聽的有聲書，你也可以打電話給好幾個禮拜沒連絡的朋友。你的決定會讓你在看似無趣的處境裡覺得開心。然後時間不知不覺過去了，道路暢通了，你甚至都沒有發現。

這個課題看起來很明顯，而且好像也不難，但當我們面對這樣的情況時，卻往往很難做到。因為快樂的心境不是我們天生的設定，雖然如此，但我們愈常練習這個原則，就愈容易習慣成自然。你確實有能力改變一段飽受折磨的關係，有能力改變辦公室的氛圍，有能力療癒對自己的觀點，只要你做出這個選擇——選擇走向喜悅。

當喜悅成了你最重要的事，做決定就會愈來愈容易，人際關係會變得更融洽，而你開始信任宇宙就是你的靠山。當你所選擇的想法有著更多愛，選擇去說那些能夠帶來力量的話，選擇多禱告，選擇更常靜坐冥想，你將會感受到喜悅並且自然而然地表現出你的喜悅。這會帶給你向來渴望的心靈自由。宇宙的助力將以你完全想像不到的方式，源源不絕地湧入。

▶ 步驟六：慶祝來自宇宙的支持

　　當你是快樂喜悅的，你就會吸引宇宙的協助。舉個例，那場多倫多的演說——也就是我在舞台上感覺天使翅膀存在的那場——結束後，我走到貴賓休息室收拾個人物品，準備前往機場。貴賓室當時只剩下我的朋友茱莉與她先生。我們聊了一會兒，然後我起身準備離開。當我起身時，茱莉的先生看到桌上有一個小飾物，他拿起來，並對我說：「小嘉，不知道為什麼，但我覺得這個是給妳的。」他把它遞給我。那是一個天使翅膀，上面有接收這個字。我對他說：「是啊，我相信這個是給我的。」我相信那只天使翅膀是在溫馨地提醒我，祂們看到並認可我對宇宙的承諾。

　　一年後，我又回到多倫多演說。演說結束，一位年輕女子快步走向我並說：「看到妳回到多倫多我好開心！我去年來聽妳演講，我請舞台監督把一個小禮物交給妳。那是一只天使翅膀，上面寫著接收。」我愣住了。在那一刻，我真正明瞭了活出存在的力量和接受宇宙支持的真義。那只天使飾物不是什麼意外驚喜，它確實一直都屬於我。

　　當你完全臣服於宇宙的臨在，並且允許宇宙的能量在你身上流動，這類經驗便會成為常態。當你發現自己與宇宙同步，

請歡慶這樣的時刻。你隨時都能和宇宙建立這樣的連結。把你的能量和熱情帶入重新連接宇宙的道路，這將會是充滿喜悅的過程。

現在來回顧本章的重點：

- 不要阻擋了宇宙愛的流動。使用這句禱詞：「我退後一步，讓宇宙帶路。」重新調整並啟動自己與宇宙能量的連線過程。
- 透過靜坐冥想校正你的能量。練習靜坐冥想會重新校準你的能量回到愛的頻率。
- 設定意圖與你當下的存在連結。能量隨著你的意圖流動。每一天你都可以建立強大的新意圖。不用因為自己的渴望而覺得不好意思。要相信你所專注的會成長。
- 了解喜悅的力量。別忘了，喜悅是世間一切美善事物的催化劑。
- 走向喜悅，你將得到指引。無論如何都要努力讓自己開心。
- 歡慶宇宙的支持，享受這樣的共時性、指引，以及你正走在正軌的溫柔提醒。

如果你持續練習我到目前所提供的方法，你對生命將會有

非常不同以往的認知。你很快便會體驗到宇宙的愛在你周遭神奇的流動。

　　一旦你開始與宇宙同步，美妙的事情將會發生。我在第五章會分享自己和幾位朋友的生命經歷，他們的能量便跟隨了宇宙的指引流動。這些故事會賦予你力量；鼓勵你開始與宇宙能量一同創造。接下來的章節將幫助你更深入探索無限可能的領域，活出受到神性指引的人生。

當你覺得好玩，宇宙作用得最快

　　二〇一四年，我和我先生花了九個月的時間在找新公寓。我們住在紐約市，這裡無論租屋或買屋都很不容易。此外，我們找屋的時間正好是近年來市場最熱的時候，所以每回看屋，愈看心情愈沮喪。我們對每個看過的地方的反應都是：「哎！又是一個開價太高的爛房子！」

　　我們要買第一個新家的那種開心，很快就被消磨光了。我們開始覺得害怕，因為我們連根本不想住的地區的房價都要負擔不起了。整個看屋經驗讓我們心情低落。我們開始感到厭煩，開始爭吵，對找到夢想的新家沒了信心。

　　有天晚上，在花了三小時逛了布魯克林區幾處開價過高，而且都需要整修的房子之後，我們兩人受不了了。我先生氣得不停反覆唸他的「真言」：「這不好玩，不好玩。」我的心情也

愈來愈沮喪，因為我們花了很多時間和精力，卻在找一處似乎不存在的地方。後來，在沮喪中，我對我先生說了這些神奇的話：「一定還有更好的方法。我們來祈禱得到解決的靈感。」他點頭說好，於是我們一起禱告。我說：「宇宙，謝謝祢給我們充滿可能的機會。我們將計畫交給祢，請讓我們看到祢的安排。」沒多久，我們兩人都感到輕鬆不少。當決定臣服於宇宙的安排後，我的臉上有了笑容。我先生也在微笑，他很開心，因為我們終於將控制的需求放下了。在臣服的狀態下，我們與真正的力量泉源——宇宙——連線了。

在這種放下和隨順的狀態下，靈感來了。我對先生說：「我們不是一直很想住在郊區嗎？我們為什麼不改變尋找的方向，試試往紐約州找。」他看著我，開心地說：「這聽起來很有趣喔！」於是我們又開始行動了！四十五分鐘後，我先生找到四筆郊區房子的資料。在二十四小時內，我們聯絡了房仲安排看屋的行程，預備一次看四個地方，其中一個是在山上的一間很棒的房子。那個星期天，我們便北上紐約州看屋。

| 宇宙的教導 | 當你玩得開心，享受其中的樂趣，宇宙作用得最快 |

我們參觀的第一間是在山上的房子。就在我們快要到達

時，我先生說：「就是它了！我有感覺。」我們的車開進一條美麗的車道，蜿蜒上百公尺長，一路上坡進入一條林間小徑。車道的盡頭是英式庭園與石牆構成的迷人世界，處處可見大理石物件與罕見植物交錯成美麗的自然景觀。房子前方被許多樹木和各色的葉子環繞。從客廳正中央向外望去是一片綿延的美景。第一次看到這樣的景色立刻讓人感到開心和平靜。走進屋內的那刻，我的身體感受到一股愛的能量。我對我先生和房仲說：「我說不上為什麼，但我在這裡感覺好自在，有家的感覺。」我們後來繼續看了其他幾間房子，但沒有一處的感覺跟山上的那間一樣好。

接下來的幾個禮拜，我們又去了山上幾次。第四趟時，我們邀請父母一同前去，想聽聽他們的意見。去的前一天，我和好友柯萊特・貝倫-瑞德（Colette Baron-Reid）通電話，她正好是一位能力很強的靈媒。我把山間房子的事告訴她，也說了自己的興奮和不確定感。她說：「妳有沒有要求徵兆？」我回答：「徵兆？什麼意思？」她解釋，每回她要搬到新的住處，她都會要求徵兆。她的徵兆是蜻蜓。她提到她最近一次的找房經驗。當她看到屋裡有一本書，書的封面有隻蜻蜓圖案時，她當下就知道那個地方屬於她。

我喜歡要求徵兆這個想法。我對柯萊特說:「我覺得蜻蜓很不賴,不過我想看到的徵兆會是貓頭鷹。」我不曉得我為什麼選貓頭鷹。說不定是貓頭鷹選了我?

　　隔天,我們帶著父母一起去參觀房子。在抵達的那刻,我就注意到廚房桌上有張賀卡,上面是隻蜻蜓圖案!我把它當作徵兆出現的預告。雖然我找到了柯萊特的蜻蜓,但我還是很努力要找我的貓頭鷹。我仔細在房子裡搜尋,到處找貓頭鷹——書本上、樹林裡,連餐具也看了。在我們要離開房子前,我還是沒找到我的貓頭鷹。我發簡訊給柯萊特:「我沒找到我的貓頭鷹,但我找到妳的蜻蜓!」她回覆說:「太好了!我們聊天提到了蜻蜓,這樣就夠了。:)」

　　柯萊特的回答安定了我的心情,於是我和我先生上了車準備回家。在我們驅車上公路前,我們先開到鎮上喝咖啡。就在我們要走回車上時,我往左看,瞄到鄰車保險桿上的貼紙,上面是隻展翅的大貓頭鷹。我大叫,「我找到我們的貓頭鷹了!」這真是個重要的徵兆,表示宇宙的支持。

　　幾個禮拜後,我們出價買這棟房子,提的價錢立刻就被對方接受。我們既興奮又緊張。因為這是我們第一次買房,我們兩人都很謹慎,在書面文件還沒簽妥前,心中大石還是不能放

下。

當在討論最終的合約條款期間，我們去了一趟倫敦，因為我在那裡有幾場演講。到了倫敦，我的恐懼又浮上心頭。但我沒讓恐懼和猶疑掌控，我選擇了祈禱，對宇宙說內心話：「謝謝祢再度讓我知道我走在對的路上。宇宙，我想我需要看到更多的貓頭鷹……」

當你是和宇宙計畫連線時，宇宙運作得很快。禱告完幾小時後，我開始發現貓頭鷹無所不在。我在街頭塗鴉藝術看到貓頭鷹圖案，街頭的櫥窗展示貓頭鷹圖案的枕頭，還有衣服上的貓頭鷹圖案。倫敦到處都是貓頭鷹！

那天晚上，我在倫敦一座美麗的聖保羅大教堂有場演說。教堂的音控師很親切，每次都會送給演講者一張他親手繪製的圖畫明信片。以前他給過我一張畫了熊的明信片，那晚他手上拿了兩張。他說：「我知道妳先生也來了，所以一人給一張。」他遞出第一張給我先生，是熊。然後他說：「不知道為什麼，但我有個感覺，這張應該要給妳……」然後他給了我一張畫有貓頭鷹的明信片！那瞬間我大大鬆了口氣，因為我知道宇宙確實在支持我。我謝謝他送給我這個禮物，也謝謝宇宙給我這個徵兆。

兩個星期後，我和我先生取得了山間房子的產權。

在我們願意轉變內心投射的那一刻，我們就轉變了我們的觀點。當我們轉向祈禱和內在指引時，我們就被引領到充滿創意的可能。

宇宙的教導	當你臣服於宇宙並接受引導，你會有源源不絕的指引

邏輯思維、恐懼與設限，切斷了我們與充滿創意的可能性和宇宙指引的連結。一旦我們臣服於自己真正的力量，奇蹟會開始湧現，而且是快速湧現。在憶起並相信自己力量的過程中，我們因此能重拾信心並感到興奮。

宇宙是一股正向、強大和豐沛的能量流。當你與這個充滿愛的強大力量連線，你會吸引更多這樣的能量。當你開心地期盼著某事，宇宙立刻會為你指引方向。不論你想看到什麼，你都有能力與它連結。只要你是與自己無窮的力量同步，與自己充滿能量的力量連結，這個連結對你的生活永遠會是正面的影響和助益。

以我和我先生找房子的例子來看，我們都太相信房地產市

場「很爛」，索價過高的故事，完全忘了我們具有的力量與能量。事實上，我們的每個負面想法、感覺和評論都在削弱我們的力量。是我們自己營造出的故事令我們沮喪。

還好，我們能夠選擇用另一個觀點來看待事情。只要開放自己的心接受並臣服於各種創造性的可能，我們就是在讓宇宙發揮本事。只要和宇宙說上幾句話，我們就能找回自己的力量，釋放自編的恐怖故事，重新連結愛和靈感。

宇宙的教導	如果想與自己的力量重新連結，你必須先知道自己失去了連結

以下是我們與宇宙重新連結的幾個步驟。利用這些步驟提醒自己，任何時刻你都可以和這股強大的力量連結。

▶ 步驟一：下決心用愛看事情

你說了哪些話（不論是大聲說出或是在心裡），把你跟自己的力量切斷了？譬如說，你是不是經常向你的朋友抱怨很難找到談戀愛的對象，或是這個年紀很難找到約會對象？你每天回到家是不是只發洩情緒，說你有多討厭你的老闆，但願你可以辭去工作，卻又告訴自己業界不景氣，所以無法採取行動？

誠實面對自己。一旦你認出讓自己能量低落的說法，花些時間誠實面對內心的感受，看看這個故事讓你有什麼感覺。以我和我先生的例子來說，我們低能量的房地產故事令我們懊惱不快，我們變得沮喪、焦慮，因此兩人開始莫名其妙地爭吵。

花點時間找出自己的哪些話語和信念阻斷了宇宙的支援。最常在你心中反覆出現的低能量故事是哪個？它給你什麼感覺？現在就寫下來。

認真面對你所寫的，這是關鍵所在。你的誠實會讓你憶起自己潛藏的力量並且相信這個力量。花點時間重讀你的低能量故事，看看它帶給你的感受。接著立即大聲說：「我決心用愛來看這件事。我放下這個故事，我讓宇宙發揮祂的本領。」

把這句話當作你的真言。只要發現自己又陷入低能量的故事，承認它的存在，然後說：我決心用愛來看這件事。

用不帶批判的角度看待你的恐懼，然後把它交給宇宙。

▶ 步驟二：讓你的感覺為你導航

釋放你的潛藏力量的下一步是釐清你想要什麼感覺。以我

為例，我在找房子時比較專注於用邏輯判斷這地方適不適合我們（屋價的合理性），而不是這個地方是不是給我家的感覺。一旦我們放下邏輯，讓感覺導航，宇宙就進場了。

坦白說出自己想要的感覺，不用不好意思

我在第四章告訴大家要創造喜悅的心情，開心地生活。是好好享受喜悅的時候了。花點時間釐清自己想要什麼樣的感覺。活在喜悅裡是什麼感覺？

你想在生活中實現什麼？你想要什麼感覺？現在就寫下來。

▶ 步驟三：要求徵兆

這個步驟很有趣！是要求徵兆的時候了。別忘了，要求徵兆表示你願意與宇宙合作，表示你會努力放掉掌控，改由比你更強大的力量領路。如果你沒收到徵兆，那也是個徵兆！要求明確的指引是練習接收宇宙所給的正確方向，而這個方向和你認為的正確與否並不相關。別忘了，要相信宇宙的計畫比你的更好。

你可以針對你渴望的任何事物向宇宙要求徵兆作為指引。如果你不曉得該怎麼選擇，或只是想知道自己目前進行的方向是否正確，你都可以要求徵兆。選定第一個浮現你腦海的事物就對了。你想到的可能是動物、一首歌或書名。只要把浮現腦海的任何事物設為徵兆。讓它自然浮現，然後執行你在心裡聽到的訊息。

通常人們最常收到的徵兆是一組數字，比如1111或444。你的徵兆也可能是一首歌、一種香味，或一個名字。

在沒有刻意思考的情況下，選定你的徵兆。現在就把它寫下來。

▶ 步驟四：把徵兆交給宇宙，然後耐心等待

現在用禱告將你的願望交給宇宙：「宇宙，謝謝祢提供清晰的訊息。請讓我看到徵兆，讓我知道我現在進行的方向是否正確？」

耐心等待。

別忘了，在我放下尋找貓頭鷹念頭的那一刻起，我就等於

創造了空間讓貓頭鷹出現。試著不要去控制你的徵兆。我有些朋友會這麼做。譬如說，有個朋友選定數字108作為她的徵兆，結果看到數字54，她認為這就是徵兆，因為54乘以二就是108。不要過度推演。如果你的方向正確，你的徵兆會非常清楚明確。而且千萬不要忘了，如果徵兆不明顯，那也是神聖的指引。科萊特・貝倫-瑞德說，你的徵兆必須像廣告看版，明顯得讓你無話可說。

有些徵兆出現得很快，有些則需要一點時間。如果你沒有立即收到徵兆，別擔心。也許你還有些恐懼必須清除，也許你的信心有待加強，當你做到時，就會收到徵兆。如果你沒能立即收到徵兆，也可能是你的沒有耐心阻礙了徵兆的出現。

沒有耐心通常表示我們對結果缺乏信心。如果你沒有耐心，也許是因為你害怕事情發展的方向或發生的時間和你期待的有出入。別忘了，你想控制結果是因為你對宇宙缺乏信心。也有些人相信，事情如果沒有在自己想要的某個時間內成真，就會有不好的事發生。更糟的是，有些人把事情的結果當作個人幸福與安全感的指標。

當你把事情的結果當作個人幸福與安全感的指標，你就看不到在自己計畫之外的宇宙規劃。這會關閉了你和宇宙的溝

通，切斷各種機會出現的可能性。釋放控制的關鍵就是將你對外在的需求與執著放下，也就是臣服於宇宙的安排。並且記得，沒有什麼可以奪走你真正的力量——你心中的愛與平靜。

當你擁抱內心的平靜，放下對結果的牽掛，就是宇宙能夠作用的時刻。我聽到的例子通常跟女性想要懷孕有關。我看過許多朋友滿腦子想著自己什麼時候才會懷孕，或是為什麼這麼久還沒懷孕。她們定期追蹤排卵期，驗孕，進行沒有熱情的性關係，心裡只在意結果。如果這樣沒效，許多人會嘗試人工受孕。有趣的是，許多女性在真的要執行人工受孕前就懷孕了。為什麼？因為這個階段的即將到來使雙方心情放鬆，並信任自己計畫之外的規劃，因此允許了事情自然發生。

想像一下，如果我們無論什麼結果都能活得平靜，會是如何？要活在那樣的平靜，關鍵就在於臣服。然後，當你覺得自己已經臣服，已經放下了，臣服更多。你要相信宇宙的力量，放心地走進接受的能量裡。持續禱告，放鬆，讓來自宇宙的徵兆指引你。當你非常執著於結果，要做到這點似乎很難，但你將會發現，臣服比你以為得容易許多。

每個人都能接通宇宙的愛與協助。我們要做的，就是記得連線愛的能量以便接收這股力量。讓你的徵兆溫柔的提醒你，

你是被愛的，你是受到指引的。

▶ 步驟五：歡迎充滿創意的可能性

當然，要求徵兆只是讓宇宙協助我們的方法之一。除了徵兆，我們還要敞開心讓各種靈感進來。當我和我先生從受限的現實考量的框架轉換到接受充滿創意的可能性的時候，就是宇宙介入的時刻。當我們願意從創意的角度打造生命，宇宙就會參與我們的遊戲。

如果你準備好要接收充滿創意的可能性和靈感，請這樣禱告：「宇宙，謝謝祢將限制與疑慮轉變成充滿創意的可能。」

每當你的邏輯思維又開始左右你的時候，就這樣禱告並保持開放的心來接收嶄新和有創意的方式，以新的認知看待你的處境。你也許會由某個朋友那裡得到訊息，訊息也可能來自一首歌或一本書。總之，某個具有創意的明確指示會出現在你前進的路上。你要願意放掉那些自以為需要的種種，並讓宇宙的力量引導你。

練習本章的課題會幫助你連結一種輕鬆和好玩許多的能量。你想要好玩、想要開心，想要發揮創意的意願，會開啟你和宇宙愛的能量溝通的管道。喜悅是最厲害最棒的創造家。我發現當我沒有樂趣的時候，我感到遇阻受困，然後內在的導航系統關機。而當我選擇與玩心和創意重新連線的那刻，我覺得能量開始流動，全身有種麻刺感。這個快樂、喜悅的能量與宇宙的愛完全調諧。這也是為什麼小孩會比大人更容易感到驚奇與歡樂的原因之一。我們必須接通自己童心的那面，努力放掉以前認為的這個世界的限制，憶起我們的本質——愛——裡那個童心和愛嬉戲的天性。在這樣的狀態下，你將收到你的徵兆，而且宇宙的引導也會是自然而然的事。

　　如果你選擇用更好玩更有趣的心態好好地玩，結果會如何？這個觀念可能會引來抗拒，因為我們被教導的生活方式是相反的。我們被教導的觀念是，我們必須奮鬥才能有成就，成功是「積極作為」的結果。我們學到，沒有付出心力、血汗和淚水，就不會有好事發生。我鼓勵你們超越這種受限和受苦的信念，接受你們是來這裡遊戲的觀念。

　　現在來回顧本章的重點：

- 想想是什麼故事或說法造成你的能量低落？它帶給你

怎樣的感受？

- 釐清你想要的事物以及想要的感覺。
- 挑選你的微兆，宇宙會透過這個微兆溫柔提醒你，你正在愛的能量與流動的軌道上。
- 將你的渴望交付給宇宙照顧，然後耐心等候。耐心是收到指引的關鍵。
- 敞開心，接受充滿創意的可能性。

你要對自己有能力與宇宙連線感到興奮。你已否定自己的這個力量夠久了，現在是接受愛、接受光、以及和宇宙之間的深刻連結的時候了。

如果你對這個過程感到疑惑，不要害怕。我在第六章會告訴大家，即使遇到障礙，障礙也為你提供了指引。當你調頻到宇宙愛的頻率，生命中的每一件事都會是你獲得最佳成長、療癒和自由的神聖機會。每天投入你的新禱詞和肯定語，敞開心胸，繼續朝這個建立新觀點的奇妙旅程邁進。

就在我準備為本章畫下句點之際，我花了些時間思索自己的現況，回顧我這一路是如何讓樂趣當我的嚮導。樂趣引領我來到當下這一刻。此刻的我正坐在書桌前，從我山上房子的新辦公室遠眺窗外超美的景色。我在微笑，因為我知道宇宙已經

為我安排好計畫，我很感謝自己依循了所收到的指引前行。

第六章

障礙只是通往正確方向的彎路

　　某天下午，我和我先生搭計程車準備到上城區參加一場會議。我們在計程車裡為了一件莫名其妙的小事起爭執。這個爭執很荒謬，但我們兩人沒有一方要讓步。不幸的是，這樣的無聊小事已成了常態。好幾個月下來，我們老是為了一些小事爭吵，而且好似走不出這個模式。我雖然想在這些爭議中「爭到贏」，但我也想過得開心。於是在這次鬥嘴後沒多久，我的內在智慧悄悄帶著指引出現。我聽見心裡的聲音：祈禱療癒裂痕，解決爭端。於是我召喚「神聖瞬間」並邀請愛進入。我在心裡這樣說：謝謝祢為我整頓這件事並幫助我放掉那些瑣碎小事。頓時我覺得我先生的能量緩和了。

　　會議結束後，我和我先生走到電梯準備離開大樓。電梯門開了，我說：「等一下，我想到我還有個問題要問。」我跑回辦公室，得到答案後，回到電梯。電梯往下十七個樓層後停住

了，我們以為一樓到了。等了一會兒，電梯門沒動靜。我們很快意識到我們被困在電梯裡！這是我一年內第二次受困電梯，我開始慌了。想到我先生有幽閉恐懼症，我更加害怕。受困的前幾分鐘，就像一小時那麼漫長。我們渾身冒汗，衣服脫了一件又一件，在電梯裡來回踱步，邊透過電梯內的緊急對講機與大樓管理員連絡。大樓管理員不斷地說維修人員已經在路上了。但是在紐約，「在路上」不保證「很快」抵達。我們很清楚，如果塞車的話，維修人員很可能至少要塞上一個小時。我們被困住電梯裡，不知道何時才能脫困。

大概十分鐘後，我又聽到心裡的聲音。這個智慧的聲音對我說：「查克快要嚇壞了。妳必須當他的光！」這個訊息我聽得好清楚，於是我把注意力轉向我先生，我開始搔搔他的背，搓揉他的耳朵，跟他聊些他感興趣的話題。我甚至讓他說他想怎麼設計我們山上房子的廚房。我做的是他一直以來希望我做的：給他愛、注意與關心。困在電梯的這刻，我的注意力重新回到了真正重要的事情上——我和我先生的關係。而且這樣做真的有用！二十多分鐘過去了，我先生一直保持冷靜。按摩舒緩了他的情緒，而且我們一起動腦在想房子要怎麼裝潢。他的幽閉恐懼症不但沒發作，他反而很平靜。

大約四十五分鐘過去了，我開始坐立不安。我出聲禱告：

「宇宙，我們需要祢幫忙！我們已經準備好要離開這裡了⋯⋯」幾分鐘不到，傳來維修人員處理門的聲音。沒多久電梯門開了，我們發現是被困在一樓跟二樓之間。我們把東西收拾好，跳出電梯，到了擁擠的大廳，到處都是午餐用畢回來的人潮。我們很開心終於脫困了！我先生看了看他的手機，時間正是下午一點十一分。111。我們倒吸一口氣，很開心，因為我們知道連續數字1是宇宙正在指引你的徵兆。朵琳・芙秋（Doreen Virtue）這位靈媒和作家這麼說：如果你看到連續的數字1，表示指引就在你的身邊。

宇宙透過這個經驗給了我們美妙的靈性教導，它溫柔地提醒我們，障礙是通往正確方向的彎路。雖然跟有幽閉恐懼症的老公困在電梯四十五分鐘聽起來像是場惡夢，事實上卻是好事。先前在計程車上時，我祈禱奇蹟出現，讓我們擺脫這種為小事爭吵不休的循環並改善我和先生的關係。而那天，宇宙就把我們困在電梯裡，直到我們重建了彼此間的連結與愛。

當你要求指引，宇宙可能會丟來一顆變化球。有時候，神聖的課題會以怪異的形式出現。以我們為例，因為受困電梯，我得以放下所有狹隘的想法，把念頭拉回到愛，把注意力拉回到丈夫身上。當所有障礙移除，我們就能和真相——也就是愛——重新校準。

這個故事提醒我們，任何情況都可以被看作是允許宇宙為我們重新引路的絕佳機會。當我們透過禱告召喚神聖瞬間，我們就是和愛的能量重新校準。我們因此拓展了愛的意識，對於那些跟我們的計畫看似不同的指引也變得容易接受。事實上，我們唯一要做的，就是相信無論收到什麼指引，它都會帶引我們前往我們需要去的方向。即使某些情況看似阻礙，實際上卻是轉機，是通往正確方向的彎路。永遠要信任宇宙的方向並知道自己正被引導往愛前進。

宇宙的 教　導	障礙是通往正確方向的彎路

《奇蹟課程》這樣說：「奇蹟的出現會讓我們重新調整觀點，不再覺得自己是不足和分離的。」練習神聖瞬間並進入奇蹟的思維模式，是通往恩典暢行無阻的路。你不見得每次都能立刻得到明確指示，但是你會知道自己走對路了。知道這點對你的幸福與平靜至關重要。當你進入這個「知曉」的狀態並接受即使再大的阻礙也可能是神聖力量的介入時，你對宇宙的信心就會加深。

當你選擇把阻礙視為通往正確方向的彎路，你就能開始從痛苦中發現更深層的意義並有所成長。也許你因此得以和人生

更崇高的目標連結，與某人建立真正的關係，或甚至人生被重新導向到其他方式無法帶你到達的最正面和理想的道路。只要你能用愛的觀點看待所有阻礙，阻礙就會轉化為最重要的生命課題。

我這一路上看過許多人用奇蹟的思維勇敢面對人生彎路，結果不僅改變了自己的人生道路，也改變了別人的人生方向。我的好友克莉絲·卡爾（Kris Carr）就是絕佳的例子。大家可能聽過克莉絲——她是養生與個人成長這個領域的知名領導者。二〇〇三那年的情人節，當時三十一歲的克莉絲被診斷出罹患一種罕見癌症的第四期。

透過大量的靈性修習、愛與內在智慧，克莉絲得以超越世俗的恐懼並擁抱宇宙的愛。她把這個生命的阻礙看成通往正確方向的神聖彎路。她做到的觀點轉換讓她成為大眾心中轉化療法的代言人。克莉絲知道真正的療癒是擺脫恐懼的束縛——這就是她要告訴眾人的事。她愛惜自己的身體，把人生的阻礙視為服務他人、自我心靈成長的大好機會。克莉絲是我心中的英雄。

假如每個人都能像克莉絲一樣，懂得駕馭自己的心，那會是什麼情形？假如我們能用奇蹟的思維面對恐懼，把恐懼改造

成愛與目標，又會如何？假如每個人都能這樣生活，這個世界會變得多麼不同？

我的任務是引導大家，無論如何都要選擇用愛面對，這樣才能將所有阻礙轉化為心靈成長的契機。

信任宇宙計畫的關鍵就在於放下對結果的執著。當我們擔憂某事，認為「應該」要怎麼發展才行，我們就與宇宙指引的能量流斷了線。在事情「應該」怎樣怎樣的心態背後，是掌控和操縱。宇宙和這種能量不同調，我們因此切斷了和宇宙的交流與連結。只有當我們放下了對結果的牽掛，我們才能開啟看待世界的不同角度，並讓自己接受宇宙的指引。

莎拉是我指導過的個案，多年來她只和固定類型——她認為自己「應該」在一起的那型——的男子約會。從外在條件來看，論長相、財富和相同的宗教信仰及價值觀，那些男子完全符合標準。她認為她是走在建立長久關係的正確方向，但這些關係卻都是驟然結束。每個男友似乎都是莫名其妙地與她結束交往，他們會這麼說：「我不知道我為什麼要結束這段關係。妳好得沒話說，完全符合我心目中的理想條件。但不曉得為什麼，我就是覺得我不適合你。」我遇見莎拉那年，她四十歲，單身，不知道接下來該怎麼做才好。她來找我，請我個別指導

她修正她可能有的問題，幫助她維持穩定的情感關係。

　　指導了莎拉四個月後，我發現原來她一直在找尋某種特定的對象。她有一套狹隘的準則和高標準。她需要找到「正確」類型男子的想法就很受限。她不讓宇宙帶路，也顯然是把大好機會擋在門外。她倚靠自己的能力和需要，努力實現一個受限的信念——「好男人」只有一種。

　　我把這個論點告訴了莎拉，她起初有點反彈，後來哭了出來，並說：「小嘉，妳說對了。我這輩子一直在找我母親希望我嫁的對象。父親這個角色在我生命中是缺席的，母親告訴我，如果想過幸福的日子，一定要嫁給信仰天主教，事業有成，會賺錢，養得起我的男人。我滿腦子只想著要找母親心目中理想的對象。」

　　我讚許莎拉願意看到自己恐懼的思維模式。我告訴莎拉，她那股控制的能量很可能是戀情難以持久的原因。所有男子都能感受到她恐懼和控制的振頻，直覺知道他們不適合。

　　現在是莎拉重整她的觀點，與宇宙的力量重新校準的時候了。我的第一步是要幫助莎拉看出她過去是怎麼阻斷了宇宙的指引。我需要她瞭解，她所認知的阻礙，事實上是通往正確方

向的彎路。她的戀情沒有結果是因為宇宙要告訴她，母親心中的理想伴侶不見得適合她。我也幫助莎拉看出她的控制能量背後有恐懼在撐腰，這個恐懼是母親灌輸給她的，這樣的恐懼讓她失去吸引力，幾乎逼得每個男子都想離開。

下一步則是幫助莎拉釋放她的需求和期望，臣服於超乎她的邏輯和理性所能理解的指引與智慧。現在是她向宇宙要求協助的時候了。我教她一段禱詞，幫助她擺脫控制的念頭，並隨著生命之流流動。這段禱詞是這樣說的：「宇宙，謝謝祢幫助我超越我的限制。謝謝祢擴展我的認知，讓我能夠吸引真愛。」

莎拉每天唸這句禱詞，唸了一個月以上。漸漸地，她開始有種深深的解脫與幸福感。她喜歡這種再也不用把每件事弄得清清楚楚的感覺，她也終於能夠放下對愛情的掌控。莎拉成功做到了讓這段禱詞重整她的能量，這就是她渴望已久的奇蹟。這是她第一次身邊沒有伴侶也感到完整。

莎拉體現了她對宇宙的信心，她知道宇宙是她的靠山之後，變得超級迷人。一堆男子不曉得從哪裡冒出來，紛紛找她約會，什麼類型都有——甚至那些她完全沒預期的類型也覺得她很有魅力。這些男子和她母親定義的好男人天差地別，但他們都是很棒的對象。其中有個名叫麥可的男子，追求得特別

殷勤。從邏輯來說，她無法理解麥可為何出現。他的事業還在奮鬥當中，收入不夠穩定。而且他不是天主教徒。換句話說，莎拉覺得自己在找尋的那些特點，他一項也不具備。但每回麥可約她出去，她從沒拒絕過。

和麥可輕鬆隨興地約會了幾個月下來，莎拉某天突然打電話給我。她說：「小嘉，我這一生從沒這麼快樂過。麥可讓我感到放心、自信、有安全感。我喜歡在他身邊。我覺得他好像等我等很久了。我很高興我能打開心接受他。」十個月後，麥可和莎拉訂婚了。

莎拉是對的：麥可一直在等候她。而且宇宙也知道。在感情路上每個與莎拉分手的男子看起來都像是阻礙，但其實他們都是指引她轉換能量的彎路，指引她信賴宇宙，並信任新的方向。

宇宙的
教　導｜你一個人做不來的事，宇宙會為你完成

就讓莎拉的故事啟發你放掉一直緊抓不放的東西吧。你是怎麼把你的麥可擋在門外？無論被你擋掉的是戀愛對象、轉職機會、醫療選擇，還是搬遷國外，你是怎麼控制了自己的經

驗，導致無法隨宇宙的能量一同流動？

現在讓我帶領大家一步步練習下面的方法，這個方法幫助了莎拉把阻礙視為通往正確方向的彎路，並讓宇宙引導她走向愛。

你可以把這個練習應用在生活的各個層面，並且信任宇宙一定會幫助你。

▶ 步驟一：「應該」這個字是不是阻礙了你的能量流動？

你的「應該」心態如何在生活中製造了阻礙？你在生活哪些層面一直用「應該」的心態處理事情和操縱結果？

現在把你的那些「應該」寫下來。

▶ 步驟二：祈禱自己放下「應該」的心態，用愛的觀點而不是恐懼來看待阻礙

下回如果你又受困在受害者的思維，老想著為什麼某件事的結果不如預期，這時只要唸出這段禱詞，與愛重新校準連線：

「謝謝祢，宇宙，幫助我把這個阻礙看作機會。我會退一步，由祢領路。」

這段禱詞會提供你穿越障礙的方法。你今天可以就用一件小事測試一下。也許你因為工作壓力大到快崩潰了，這時就唸這段禱詞，讓宇宙為你重整你的一天。也許你被捲入家庭風波，氣憤難平。這時把這段禱詞唸一遍，讓宇宙接手處理。就讓這段禱詞重整你的觀點，幫助你超越限制與疑慮。

▶ 步驟三：把阻礙交付宇宙

透過下面這段很棒的冥想，將你的阻礙交給宇宙處理。我在這個冥想召喚一群天使幫助你練習臣服。至於你相信不信有天使，都沒關係。你只要靜坐時，把出現的影像看做信心的表徵，協助你放下控制欲就行了。

閱讀下面這段引導文字，帶領自己進入觀想。

舒適地坐在地板或椅子上，身體挺直。
閉上眼睛。
肩膀往後拱，伸直脊背。
深深吸一口氣，憋氣。然後吐氣，放鬆。再深吸一口氣，

向你一直緊抓不放的事情致敬，然後隨著吐氣把它們釋放掉。

在整個冥想的過程中，維持深呼吸。

現在，想像自己舒適地坐在一個你喜歡的地方，這裡很安全，你看到自己很放鬆。

你在這個空間很自在很舒適，你知道你是被支持，是受到保護的。

現在花點時間，想想自己在生活中一直緊抓什麼事不放，承認它的存在。當你專注在這件事時，允許自己去感受浮現的任何感覺。尊重那些感覺，然後繼續深呼吸。

在你心裡觀想有個金色小籃子在你的面前。這只籃子裡裡外外都散發著光芒。

當你準備好了，把你在生命中一直無法放下的東西，輕柔地放入籃子裡。然後把籃子舉高，把它整個交出去。

現在設定你的意圖，你要把控制欲完全釋放並讓宇宙接手處理。

深呼吸，向自己努力臣服致敬。

現在，觀想有個美麗的天使走到你的後面。天使輕輕地把雙手放在你的背上，天使向你保證，放開你的控制需求是安全的。天使要你放心。然後天使提起那只籃子，帶著它飛走並跟你揮手道別。

你已經把它交給宇宙了，它會被妥善處理。

繼續靜靜坐幾分鐘，等新的放鬆能量安頓下來。

當你準備好了，輕輕張開眼睛，看看周遭。

當你靜坐結束，請相信，宇宙已經聽到你的呼喚。這項練習會幫助你設定強大的意圖，它能協助你放下控制的需要，擁抱新的路徑。現在，你已經把你的阻礙交出去了，接下來最重要的是敞開心，接受宇宙為你準備的任何計畫。這個計畫很可能和你的預期或希望有很大不同。但別忘了，即使這個計畫最初看似繞道，但你收到的指引正帶領你走上正確的方向。堅持這個真理，你會感受到宇宙對你的完全支持。

以下是進行步驟的重點摘要：

- 接受阻礙是通往正確方向的彎路。
- 誠實面對自己一直在控制生活中的某些事情。
- 透過你的禱詞練習臣服：「謝謝祢，宇宙，幫助我把這個阻礙看作機會。我會退一步，由祢領路。」
- 練習引導式靜坐冥想，帶領自己進入耐心和平靜的臣服狀態。

信任自己遇到的阻礙是通往正確方向的彎路，這會幫助你與宇宙的力量連線並得到心靈的解脫。我們在第七章要進入下一個信任宇宙的重要步驟：練習培養確定感。確定感會以你無

法想像的方式幫助和支持你。這個步驟對你的幸福與心靈的平
靜非常關鍵。

確定感會開出一條路，達成你的渴望

　　我在二〇〇五年戒酒的初期，忙著閱讀各類勵志書籍，觀看賀屋（Hay House）出版的DVD，收聽心靈方面的播客節目，吸收所有可以接觸到的指引。有張DVD我特別喜歡，這張DVD的名稱是《你可以療癒你的人生》（You Can Heal Your Life），裡面有許多作者的書都擺在我的書架上。這些作者包括露易絲・賀（Louise Hay）、克莉絲安・諾瑟普（Christiane Northrup），以及了不起的韋恩・戴爾（Wayne Dyer）博士。影片裡，韋恩・戴爾的部分最打動我的心，我可以重複看上好幾次。我超喜歡他深奧的妙語。譬如：「你會如自己所願」，以及「當你相信，就會看見。」這些話成了我的真言。透過韋恩的教導，我開始重視選擇我的想法，和宇宙共創我的實相。

我每天都會照著韋恩提出的建議去做，並且樂意放下內心的疑慮。我放下所有限制，允許我的心去夢想。我的心裡有個畫面，我看到自己在寫心靈勵志的書籍，把自身經歷的奇妙療癒與成長經驗寫出來。我看到自己是演說家和老師。我在心中創造自己與那些偉大老師並肩發表演說，為聽眾提供指引的影像，這些聽眾和我一樣，渴望成長與療癒。

　　我一直堅持我的願景，強化我的確定感，相信這些畫面會成真，並相信宇宙會支持我想做的事。這樣的確定感讓我心情平靜。我從不覺得自己必須急著拓展個人事業，我相信一切自有安排。宇宙對我的平靜心態有很好的回應。最終，我的確定感得到確認，心裡的影像成為現實。二〇〇九那年，我簽了出版第一本書《讓生命擁有更多內在指引》（Add More-ing to Your Life: A Hip Guide to Happiness）的合約。我一收到最後的校對樣本，馬上寄一本給韋恩・戴爾。我把書寄到他位在夏威夷茂宜島的住處，沒有期望會得到回應。我隨書附上一張謝卡，謝謝他協助我將內心的影像成為真實。光想到自己寄書給他已經很不可思議，至於他有沒有收到書，我就沒去想了。

　　幾個禮拜後，我收到一封信，上面蓋了茂宜島的郵戳。我拆開信封一看，竟然是韋恩・戴爾的親筆信！他謝謝我送了那本書，鼓勵我繼續朝我的事業邁進。他的大方與愛護讓我好開

心，我不敢相信他竟然花時間回信給我。

幾個月後，我參加了賀屋出版集團在紐約舉辦的活動，韋恩是該活動的重量級演講人。我坐在前排座位，專注聽著他說的每一個字。演講進行到一半，韋恩從演講台桌面拿起一本書，開始談到一位年輕作家出了她的第一本書。他說：「這位年輕女子有一天也會站在這個講台上，對著同樣多的聽眾演說。她以後會是個很出色的老師，我希望大家都去買她的書。」他接著說：「嘉柏麗·柏恩斯坦，請站起來跟大家打招呼。」我嚇了好大一跳，沒想到他講的那個人是我！我站起來跟聽眾揮揮手，並向韋恩感謝他的盛情。我從沒想過會有這麼美妙的一刻。

三年過去了，在這段期間我又出了三本書。我心裡的影像——我是演講者、作家與靈性老師——逐漸成形。我愈是享受這個過程並專注在服務他人和工作所帶來的喜悅，我愈是得到宇宙的支持。然後，二〇一四年的某天，我走上紐約的賈維茲中心（Javits Center）的舞台發表演說。我步上講台，環視廣大的聽眾，我意識到這正是多年前韋恩站上的講台，那年他為這一刻埋下伏筆，預告了此刻的到來。我長年在心中的影像已然成真。「你成為你所想的。」

努力、熱情和堅持能夠帶給你完成生命目標所需的所有助力。然而，對結果懷有把握則是秘訣。當我們有把握、心裡確信無疑時，我們可以輕鬆地進入一種知曉而且有信心的狀態。《奇蹟課程》裡面我最愛的一段話就是：「那些對結果有把握的人能夠等候，並且平心靜氣沒有焦慮地等候。」這句話給了我力量。我們每個人都渴望活在確定感裡，偏偏這世界最缺的就是確定感。我們學會了相信恐懼、疑慮，相信自己沒有力量。本書要傳遞的訊息就是挑戰這些狹隘的想法，鼓勵大家用新的觀點看待事情——一個能讓你學會去完全信任比你強大得多的力量與道路的觀點。當你讓自己懷抱遠大夢想，並學習依靠自己的內在智慧，你將會收到「確定感」這份禮物。

宇宙的教導｜**我們必須深切渴望擺脫恐懼，才能得到確定感**

我對自己承諾要擺脫恐懼、獲得自由，這給了我在一個不確定的世界擁抱確定的力量。我說的自由指的是內心的平靜，而唯有真正信任宇宙，才能有這樣的平靜。當我們選擇把信心放在這個世界，我們會害怕。但如果我們把信心放在宇宙，我們會得到真正的平靜。

我們的自由與平靜常常被干擾，尤其是遇到讓你無能為力

的情形時。生命中有許多事難以控制，例如失去親愛的人，令人不安的診斷報告，或是看到世上發生的災難事件。也因此，我們失去了信心。

即使一切都好像進行得順利無比，我們也可能失去信心。我常聽到有人因投入心靈修習，活出很棒的人生，然而當恐懼一來，他們還是抵擋不了。他們會這麼跟自己說：「事情不可能這麼順利」或者「事情太順利了，不會持久。」因為如此，那樣的確定感也就成為真實。但沒有關係，要了解，我們天生的設定就是比較相信恐懼，而對愛的信心並不那麼堅定。

感受到愛的創造能量是我們每個人的渴望。很多時候，我們從酗酒、情人或某種世俗成功裡尋找這種感覺。回想以前酗酒的經驗，我顯然也是在找尋這種創造的能量流，只是找錯地方了。戒酒後，我轉而向內心尋找，重新向愛的能量校準。我努力透過祈禱與靜坐冥想，把注意力放在內心世界，幫助自己對宇宙的愛更有信心、更確定。我學到了我只要退一步，允許愛的創造力透過我發揮作用就行了。我就是從這時候才開始真正的活著。

接下來的內容將會加強你對建立確定感的信心，幫助你培養確定感。《奇蹟課程》教導：「信任能夠解決當前的所有問

題！」只要做這些練習，無論人生遇到什麼事，你將開始體驗到一種確定感。現在就累積你的信心時刻，向確定感臣服。

▶ 步驟一：準備就緒

準備就緒是建立確定感的第一步。你準備好要由這世間的故事、恐懼與限制抽離了嗎？你準備好要將內心最偉大的願景放在恐懼所構築的小小世界之上嗎？你準備好要放掉那些令你產生疑慮的過往說法、經驗和處境嗎？如果答案是肯定的，那你已經開始朝向建立確定感的旅程了。記得，你不用知道你會如何擺脫限制，你只需要準備好就行了。

如果你活在信心與確定感裡，你會做些什麼？寫下你的答案。

放下疑慮會使我對 ＿＿＿＿＿＿＿＿＿＿＿＿＿＿＿＿＿＿＿
產生確定感與信心。

貫徹這句話，啟動你的確定感。

▶ 步驟二：思考它、感覺它、相信它

通往建立確定感這條路的第二步驟，就是記得你的思想和心裡的影像創造出你的實相。這就好像我心裡的影像——站上韋恩站過的講台——終於成真是一樣的。你也同樣可以創造自己想要看到的世界。

為了幫助你的創造過程，我們來練習一種靜坐冥想。我會帶引你與你最強烈的渴望連線。冥想時，允許自己感受你所渴望的情緒。放下你對結果的期待，只要好好享受你所渴望的感受，並知道宇宙會回應你的正面情緒。

宇宙的
教　導　│你的振動頻率會支持你的體驗

創造的靜坐冥想：

在開始前，確定你的手邊有筆和筆記本。靜坐冥想結束後，你會馬上用到。

如果你喜歡一邊聽音樂一邊冥想，我通常會建議使用特定的真言進行這個觀想式的冥想。這個昆達里尼真言是：Ek

Ong Kar, Sat Gur Prasad, Sat Gur Prasad, Ek Ong Kar（於搜索引擎輸入這個真言和演唱者Jai-Jagdeesh）。意思是所有的造物都是同一個創造者所創，亦即萬物同源。這也是昆達里尼真言裡唯一有警示的真言。無論你是在聆聽或唱誦這句真言，你心想的事情會在生命中顯化成真。因為這時你所在的顯化狀態使你的思想的力量比平時更為強大。在聆聽這句真言的時候，留意你的思想，並且有意識地選擇跟你的渴望有關的想法。

你可以默唸或是出聲唸出真言來開始冥想。

舒適地坐在地板或椅子上，閉上眼睛。

肩膀往後拱，挺直背脊。把雙手手掌放在大腿上，掌心朝上，準備接受宇宙的能量。

深呼吸，擴張你的橫膈膜。吐氣時，收縮橫膈膜。冥想的時候，持續重複這個深呼吸循環。

花點時間，想想已有一段時間的渴望。可能是你很想談戀愛，希望身體健康或心靈平靜，想要有個孩子，也或許你希望思緒清明、充滿靈感。

現在向你的渴望致敬。

臣服並接受這個渴望。

開始想像自己已實現這個渴望。看到自己和情人手牽手一起散步。或是看到自己的身體健康，沒有病痛。你的腦海浮現什麼影像？讓思緒四處遊走，接收具創意的願景。

尊重浮現的任何畫面。冥想時，如果有任何疑慮或恐懼的感覺，只要承認它們存在即可。

讓身體感受這個感覺，讓它過去。你不需把恐懼或疑慮推走，你只要讓這個感覺在你靜坐的過程中來來去去。承認它們的存在，然後把注意力轉回你所渴望的畫面。

繼續投入你所渴望看到的畫面。

現在讓你的吸氣和吐氣都更加深沉，允許呼吸把你身體的能量和你渴望的影像所帶來的感受連結。讓這個影像帶來的感覺自然地流過你的身體。

在這個創造流的能量裡舒適地坐五到十分鐘。

（如果你是一邊冥想，一邊聆聽真言，你可以跟著Ek Ong Kar, Sat Gur Prasad, Sat Gur Prasad, Ek Ong Karg唱誦）

當你準備好了，輕輕地深吸一口氣，然後吐氣。張開眼睛。

冥想一結束，隨即打開筆記本。在頁面最上方寫下：內在的智慧，謝謝你透過我寫下這些話。我邀請宇宙愛的能量接手，帶引我建立確定感。

接著隨意書寫十分鐘。寫下你接收到的願景。想到什麼寫什麼，不要有任何修改。

▶ 步驟三:與宇宙展開對話

寫完後,花點時間把自己寫下來的內容讀一遍。感受自己被這些具啟發性的想法感動。允許自己脆弱,感受你的願景。讓宇宙透過你的「自由書寫練習」傳遞令你安心的訊息或是保證。

有時候你寫的東西可能沒有讓你有什麼連結感或受到啟發。沒關係。建立新關係不會總是一開始就很容易。與宇宙培養關係需要時間,需要努力與信念。這是本書以書寫方式實際與宇宙進行對話並獲得靈感的第一個練習。持續投入這個練習。

練習與宇宙對話是一段新關係的開始。當你臣服並讓愛的能量通過你,許多靈感與直覺將紛紛湧現。持續練習一段時間以後,愈來愈多的愛的智慧會透過你呈現。那些你絕對想不到的措詞與想法會白紙黑字地寫出來。你的筆跡甚至有可能改變,你所用的詞彙也會增加。不要刪修你的文字,就自然地讓宇宙的智慧透過你流動。

你對這樣的關係愈感到自在,你愈會確定有一股遠比你更強大的力量為了你全天候工作。你將會自然地開始接通愛的能

量。事實上，無論我們知不知道，我們每個人一直都在接通能量。我們接通的若不是恐懼的想法，就是愛的話語。當我們祈禱和靜坐冥想時，我們立即把自己與愛牢扣一起並臣服於更高的智慧。

我們每天都要堅定地選擇愛，接收愛的頻率，並和宇宙說話，這會讓我們活在確定感中，知道自己是被宇宙指引和支持。

活在確定感非常好玩！你的人生會過得安心、安全又有力量。你再也不會覺得自己與他人斷了連結。你將體驗到一種新的連結感，這種感覺是你無法從任何有形物質、頭銜、獎項、學位等等得到的。這種連結感永恆且可靠，你會因它而自由。

▶ 步驟四：與宇宙共同創造

建立確定感的最後一步，就是與宇宙共同創造。好好利用你在靜坐冥想或自由書寫時浮現的影像和感覺。把那些影像和感覺記在心裡，試著感受它們如果成真會是如何。想像一下，當你的渴望在生活中實現會是怎樣的感覺。

還記得以前二十八、九歲的我，單身，渴望有個老公。我有許多朋友搬去與男友同住，也訂婚了。當時我最真實的渴望

就是顯化出我生命中的愛。我不讓恐懼和疑慮打敗我，我把我的渴望交給宇宙，請求協助。

我跟宇宙說我準備好了。我透過創意觀想和靜坐冥想幫助自己感受渴望已久的戀愛感覺。然後我記著這些感覺，每天無論走到哪裡，我都會召喚我在冥想墊的感受；渴望、愛、戀愛與興奮。走在紐約街頭時，我的心情就好像有個戀人正走在我身邊。我會想像自己和情人手牽手，親密且相愛。

這是很有創意的練習，它讓我變得超級吸引人。在我練習走到哪兒都帶著這種感覺的一個禮拜後，我收到許多約會邀請，男生開始突然打電話約我出去，我也發現在街上有男士打量我。這是因為我散發出愛與戀愛的超級迷人能量。

如果你走到哪裡都帶著沮喪、疑慮與悲傷的感受，宇宙就無法提供你正面積極的氛圍。當你在生活裡召喚你想體驗的感覺，顯化的過程就會啟動，而你的渴望會真實地反映出來。

每天實際演練一次，持續一個禮拜，然後記錄發生的事。每天接通你想要的感覺，走在路上時從心裡散發出這些感覺。讓這些喜悅感受與渴望成為你的助力，與你一同創造你想要實現的生活。

在人生的路上，無論遇到什麼事，你都要有意識地選擇自己想要的感覺，這會強化你的信心和確定感。即使你的渴望尚未具體實現，但在情緒層面上，你也會有種確定感。我花了九個月的時間練習感受戀愛的感覺，我那時很確定我的伴侶快出現了。縱使某次的約會不理想或男生沒再打電話來，我也會很快回到我渴望的感受並重拾信心。這樣的信心與確定感，使我得以在那段期間接收宇宙的助力，最終吸引了親愛的伴侶來到身邊，也就是我現在的先生。

隨著時間過去，你的心靈畫面、你的願景會愈來愈容易在現實中成真，你會真正懂得什麼叫做描繪出自己的人生。你會清楚看到你所創造出來的生活正反映了你對宇宙的信心和確定感。最重要的是，當你開始和宇宙共同創造，你在這世界會發揮極大的功用，因為你就是喜悅的化身。

你一定要注意自己是如何使用與宇宙的連結。我看過太多人連結的動機出於錯誤的原因。人們會陷入對共同創造的過度執著。以我的朋友山姆為例，他用一整年時間努力想讓一個新的工作頭銜成真。他傾全力想得到新頭銜，這使得他表現出一副非要不可、掌控欲強，並且在能量上令人厭煩。這個「得到更高職位」的需求，事實上讓老闆很不高興，而山姆也一直沒得到那個本該屬於他的職位。我幫助山姆看出他的控制欲其實

阻斷了宇宙的助力。想要那個頭銜沒什麼不對，但如果山姆的渴望是樂在工作，為自己的客戶、同事和公司貢獻，情況又會如何？當你轉移思緒的焦點，不去想自己要「得到」什麼，而是想著自己想要擁有的感覺，宇宙就能參與你共同創造的行列。

當你用迫切與操縱的能量共同創造，也許你還是能讓自己渴望的事情成真，但它難以持久。你也許有了一段感情，也許是談妥了一筆生意，但是你的心靈無法滿足，你也追尋不到恆久的幸福。你剝奪了自己遵循前述步驟所應得的喜悅和持續的益處。當你與帶給你喜悅的真正感覺校準了，宇宙就會助你實現渴望。

然而，我們也必須承認，在這個過程中我們很容易就困在小我的心態裡。這是意料中的事。我現在把這點說出來，好讓大家留意。每當發現自己過於在意事情是「如何」發生和「何時」發生時，請溫和地引導自己回到正軌。把注意力專注在你想要的感覺而不是執著於結果上。

如果不想讓迫切感與控制欲的頻率擋路，那麼就為全體的福祉，為最高利益祈禱，而不是祈禱得到你認為自己需要的東西。每當你為了最高善的利益祈禱，你就放下了你的個人目

的。你臣服於宇宙的計畫並放下自己的計畫。別忘了，宇宙不回應操控，宇宙回應愛。

確定感帶來平靜的能量，而這也就是我們的目標：活在這個世界，但相信那個充滿愛與平靜的另一個世界。對有形世界之外的那個世界抱持信心，會讓我們獲得真正的平靜。《奇蹟課程》教導：「平靜的你，無論走到哪兒，都會帶著平靜。」當我們接受內在的平靜是我們所做的選擇，那麼我們對這個物質／有形世界的看法就會改變。當我們完全了解意識與心靈的關係，我們就會相信這樣的平靜是存在的。

現在我要帶你們認識我的靈性世界觀，這會有助於你們設計自己的靈性世界觀。

我相信有天使、指導靈、揚升大師，以及一群充滿愛的靈體。他們一直在引導我們走向愛並拋卻對世界的種種恐懼。我相信宇宙是愛的能量，一直在我們心裡和我們的周遭。我相信在祈禱、沉思與寂靜中，我們隨時能與這股強大的愛連線。我們與這個宇宙能量力場連線的能力決定了我們的心會有多平靜。我信賴這些指導靈就好像信賴我先生或我母親一般。我非常信任他們，我知道這些神聖的存在透過我的經歷來增強我對宇宙的信心。最重要的是，我相信我們在這個時候進入肉體是

因為有重要的心靈課題要學習。當我們接受了蘊藏在這些課題裡的光與轉化，我們會受到指引，把光散播到世界各個角落。我每天用禱告與冥想滋養這個信念，而這樣的確定感讓我感受到脫離恐懼的自由。

我花了三十六年以及許多前世才擁有這樣堅定的信念。現在的我可以信心滿滿地說：我對宇宙的確定感是我這輩子收到的最美妙恩賜。

我的任務就是引導你們認識並體驗到你們自己的確定感。也許你的信念建立在宗教信仰。也許你在長跑或陪伴子女時，覺得自己與宇宙連結。我不在乎你用什麼方找到這層連結，我在乎的是你要與自身強大的覺察力建立關係。你愈是把更多的能量與意圖融入你的信念，你會更無懼、更自由。你的無懼與自由將點亮這個世界。

如果我們在別人身上看到了確定感，我們也會憶起真理就在我們內心。韋恩・戴爾的確定感以及對宇宙的堅定信心，正是他吸引我的原因。他的信心強化了我的信心。韋恩幾天前告別了這個世界，就在我寫這一章的期間。我的心很沉重，世上數百萬人也都因這樣的集體損失而哀傷。但在我內心深處，我確定韋恩的靈魂、熱情與指導永遠不會離開我們。

在我們繼續本書的指引與練習的同時，我會不斷鼓勵你對自己的靈性信仰要有信心。為了幫助你繼續在確定感這條路前進，我建議你花些時間想想：宇宙、上帝或其他神祇對你的意義是什麼？只要你是致力於愛，答案並沒有對或錯。

你對宇宙的信心將會日漸增長茁壯。現在，讚許自己目前的進展，並且對自己此刻的信念要有信心。終有一天，我們能夠掀開面紗，從黑暗走向光明，從恐懼走向信心，從懷疑走向確定。

以下是本章的重點摘要：

- 建立確定感的第一步是準備就緒。願意時時刻刻不再被恐懼所箝制。
- 透過靜坐冥想，探索並感受自己所渴望的感覺。
- 透過寫作練習，與宇宙對話。
- 深入了解自己渴望的感覺，在一天當中培養這些情緒，有意識地和宇宙共創你的實相。
- 不再祈禱事情的結果，而是為所有人，為全體的最大福祉祈禱。
- 建立你個人對靈性的認識和體會。這個關係將會改變和成長。但此刻，尊重並榮耀你和宇宙的關係。

《奇蹟課程》提到：「我拋開自己眼中以為的世界，選擇自己的真實世界。」當你靠向確定感和信心，你對這個世界的看法就會改變。你的信心會有一股力量，它能療癒創傷，把衝突轉化為成長，把恐懼變成愛。透過靜坐、禱告和正面的渴望，你會慢慢深化你與宇宙的關係。在你慢慢放下過去你用來看待這個世界的觀點，並欣然擁抱真正的自由與平靜的同時，就讓你的信心引領你前行。

　　隨著你開始認出宇宙是如何在對你說話，接下來的一章會加深你對宇宙的信心。第八章的練習和故事將引導你深化與宇宙的日常對話，讓愛在你的生活扮演嶄新的角色。

　　為你未來的人生感到興奮吧！

宇宙表達的方式不可思議

　　二〇〇八年，我和母親前往巴西旅遊。我在巴西這段期間，遇到一位翻譯過靈性書籍的日本女子節子。我和節子聊到文字創作方面的事。我把我寫書的事告訴她，說我準備好了，正在等候出版社出現。雖然她才剛認識我，但她有種奇妙的確定感，覺得我的書會對世人有影響力。在我和母親離開巴西的那天，節子對我說：「祝妳出書順利。希望有一天我能把妳的書翻譯成日文。」我給她一個微笑並感謝她的美意與支持。

　　幾個月過後，我談妥了期待已久的出版計劃。我在四個月內把書寫完並且出版——這個不可思議的快速轉機，我相信是宇宙準備好要促成這件事了。

　　我的書出版後六個月，我去了一趟位於紐約州萊因貝克鎮（Rhinebeck）的歐米加中心（Omega Center），這是個心靈靜

修中心。我和一位義大利朋友共進午餐，他正在找書籍翻譯的工作。他問我：「你認不認識翻譯界的人？」我說：「我只認識一位，節子，她住日本。我沒有她的聯絡方式，不過我會查查看。」

十五分鐘過後，我們前往歐米加的咖啡館喝茶。當我走上通往禮品店的階梯途中，巧遇一對男女，他們正往樓下走。我抬頭一看，是節子！我大叫，「我剛剛才提到妳！妳怎麼會來美國？」她說：「想不到會在這裡遇見妳。我剛剛在書店買了妳的書，我真為妳的成就感到驕傲。」

我和節子一起坐下來喝茶敘舊。沒一會兒，她說：「我知道宇宙在引導我認識你，好讓我把你的書翻譯成日文。我要把這本書拿給我的編輯，看看能不能把它出版。」我們滿懷感激地讚揚宇宙的指引，然後道別。這是很棒的相會，我的義大利友人也因此認識節子並得到如何進入翻譯界工作的建議。

三個月後，我接受了來自日本所提的《讓生命擁有更多內在指引》這本書的出版約，由節子負責翻譯。在那之後，她也已爭取翻譯我的其它著作——說不定哪天她也會翻譯這本書呢！

這個事情背後的共時性是又一次的強力提醒：我們把自己的能量與意圖專注在哪裡，宇宙就把我們帶往哪裡。當我們願意臣服於宇宙的安排並感受到宇宙無限可能的機會，我們會很驚訝宇宙回應的速度如此之快。

你可能在生活裡也經歷過這類再明顯不過的共時性的事件。例如，當你想起某個你關愛的人，你拿起電話正準備打給對方，這時他們恰好來電。也許你不經意地提到某件事，一小時後事情成真了。這樣的時刻來來去去，但當它們出現時，你會很驚訝，因為你不敢相信這是真的。有時事情順利得簡直不可思議，你可能會把它歸結為巧合，但事實上絕對不僅如此。共時性是宇宙的作風，祂用這個方法引導你到完全符合你需要的事物。當你和宇宙愛的頻率連上線，你會學到如何超越世間的限制，並接受好的、正確的指引。你會放下你邏輯思維的習慣，接受直覺的指示。你會愈來愈覺察到存在於內心和周遭的偉大助力。本章的主旨，就是幫助大家完全接受、臣服於宇宙的指引和支持。接下來我會教你如何運用你的意圖和你與宇宙的連結，為眾人謀求最大福祉。

▶ **步驟一：明白奇蹟是自然的事**

當我們和宇宙同步，我們就會開始體驗到許許多多不可思

議和神奇的共時性的經驗。這樣的經驗最初會像是天外飛來，難以解釋，但隨著你的信心愈來愈堅定，這種經驗出現的機率會愈來愈高。《奇蹟課程》教導我們，「奇蹟是自然的事。如果它們沒發生，那就是哪裡有問題了。」平靜和愛是我們靈魂的本能，我們與宇宙之愛的連結也是自然的。不自然的是抗拒這個連結的恐懼本身。恐懼，還有恐懼所伴隨的罪惡感、分離、批判和攻擊，會讓奇蹟無法時時發生在我們身上。當我們相信宇宙的愛並讓它在我們身上流動，我們就是接收宇宙的恩典與指引的暢通管道。當共時性的經驗沒有發生，我們也沒有被指引的感覺時，這便是我們已經回落到恐懼模式的明顯徵兆。

　　我們的心靈之旅是一趟回憶的旅程 —— 憶起我們是愛。我們愈是體現這個真理，我們體驗到的奇蹟就會愈多。我們會相信奇蹟和我們本就是一體。而當我們生活在愛中，我們會過著奇蹟般的生活。

　　我不是期待你們一夕間領悟，然後就時時刻刻活在愛裡！然而我們可以努力把更多的愛帶到生活裡；這是我們的目標。當光閃耀，就不會有黑暗。該是時候點燃你的心光了，讓光閃耀，這樣你就能擁有、榮耀並擁抱自己與宇宙的真正關係。要持續仔細留意自己在哪些時候阻斷了奇蹟，然後在那一刻重新選擇。

▶ 步驟二：尋找愛，等待奇蹟

下個步驟，就是在一天當中花點時間專注於當下，尋找愛的蹤跡。當你刻意把心思放在愛和喜悅上，你就開啟了讓奇蹟湧入的大門。我們大多數人常會把注意力放在出了錯的地方，但如果我們是把時間與焦點放在那些順利或做對了的地方呢？

每天都要有意識地尋找愛。啟動這個過程的第一步，就是用祈禱迎接你的一天：「我將注意力放在周遭的愛，我期待奇蹟出現。」

反覆說這句禱詞，感受這些話語的力量。你願意把這些話大聲說出來會幫助你有好的開始。當你在生活中尋找愛，你就是在積極與宇宙合作，把自己帶回奇蹟的思維裡。別忘了，觀點上的轉變就是個奇蹟。當你原諒另一半，不再繼續無謂爭吵的那刻，就是奇蹟。或是當你請求宇宙給個徵兆，而你收到了，這也是奇蹟。奇蹟可以是天外飛來的共時性的經驗，也可以是一個簡單的觀念轉變。《奇蹟課程》說：「奇蹟本身並沒有難度等級的差別。」

向宇宙表達謝意，慶祝你所領受的奇蹟很重要。要謝謝宇

宙強化了你的信心，並信任自己是與一個比自己偉大得多的力量同步。別忘了，你和宇宙之間的關係是一個持續性的對話。開啟對話的最好用詞，就是謝謝。

▶ 步驟三：練習不去干預

當你對愛許下承諾，留意你的一天出現了什麼變化。《奇蹟課程》說：「你不需做任何事。」你不用「創造奇蹟」或讓事情發生，你只要與你的愛的本質連線。

《奇蹟課程》教導我們，奇蹟是一種習慣，它的出現應該是自然而然的。奇蹟的出現不該是意識控制的結果，因為意識所選擇的奇蹟很可能是個誤導。《奇蹟課程》提出這個重點，提醒我們必須向內看，只要我們與奇蹟的思維失去連線，便請求協助。當我們把向愛求助變成一種習慣，奇蹟的出現就會變成自然而然。當我們誤入恐懼歧路時，我們可以請求宇宙的協助，幫助我們的念頭回到愛。只要我們請求協助，奇蹟就會出現。

我們不用刻意做什麼，我們要做的只有一件事：當指引來時，願意接受。這種與宇宙輕鬆自在的關係，給予我們平靜的心靈。

　　我曾經在一處靜修中心的週末體驗營帶領一個人數眾多的團體。團體成員很快就敞開心，在那個週末分享了很多他們的恐懼與故事。活動結束後，我開車回家，朋友珍妮和我同行，我們聊了許多這個週末的事。珍妮說，她雖然很喜歡這個週末，但是心情有些低落，因為她接收了別人故事裡的悲傷和能量。她還告訴我，因為國際新聞事件加上最近自己遇到的一些事，她已經好幾個月無法好好入睡。她覺得自己被恐懼壓垮了。我懂她的意思，我告訴她這可能是她沒有與他人、與這個世界劃定明確的能量界線所造成。我提醒她透過禱告就會得到最高善的療癒。我建議她透過祈禱好好放鬆，相信無論她需要什麼，都會來到眼前。然後我們一起禱告：「我就是愛，奇蹟出現是自然的事。我歡迎至善的療癒。」

　　禱告過後，我突然想起一位心靈導師朵琳・芙秋有個很棒的淨化能量的靜坐冥想法。我經常利用朵琳的靜坐冥想法清除所有恐懼、負面能量或心靈衝擊。我把這個訊息告訴珍妮，她說：「聽起來很不錯。等你回到家，把連結傳給我。」

　　十分鐘後，我們正從我的思播（Spotify）線上音樂平台的

帳號聆聽合輯，結果它忽然播放一段輕音樂，接著透過音響傳來了朵琳·芙秋的聲音。就是那段淨化能量的靜坐冥想法！這個靜坐冥想並不在我思播的播放清單，我也根本不知道我的iTunes儲存了這段內容。我們興奮得放聲尖叫。她需要的療癒來得之快，完全超出她的想像。她看著我說：「哇！我用不著刻意為這件事做什麼，奇蹟自然就出現了！」然後她閉上眼睛聆聽這段冥想引導。結束冥想後，珍妮覺得思緒清明、精神奕奕，在她心裡已久的負面能量與緊張情緒也得以釋放。

當你祈禱的時候，你就不會阻擋了宇宙的路。養成每天祈禱的習慣會幫助你時時刻刻感覺到共時經驗的流動和宇宙的協助。你和宇宙的連結會體現在所有事物。你心裡想什麼，就會出現什麼；你設定一個意圖，它就會具體成形。把練習培養信心當作一個全職工作來做，試著不要干預宇宙的計畫。你的信心和不干預，會使你的心情放鬆。而這樣的放鬆狀態，就是接收宇宙指引的入門磚。

▶ 步驟四：加強你的信心

與宇宙共同創造的下一步，就是擬一份信心宣言。

這個練習由提問開始：

如果你知道自己一直是受指引的，你的人生會是如何？

花些時間隨意書寫你的答案。

如果你知道宇宙是你的靠山，你的做法會有什麼不同？

你有沒有任何靈性方面的證據可以證明宇宙其實一直在指引你？把你的故事寫下來。（如果你還沒有證據，等你看完這本書就會有了。你可以隨時回顧這章。）

感受你的故事點燃的信心能量。如果你沒有自己在靈性方面的體驗證據，沒關係，透過他人的經驗或這本書裡的任何一則故事也可以。花些時間和這些故事點燃的信心建立連結。

具有信心是什麼樣的感覺？

你的信心給了你怎樣的自由？

現在讓我們來創造一份信心宣言。這份宣言會幫助你全心相信宇宙，用正面的心態共同創造你的生命。擬寫這個信心宣言的目標是為點燃你內心的愛、連結與靈感。你想怎麼寫都可以。

我的信心宣言是這樣的：我知道宇宙是一個始終存在的愛的能量場。我知道當我透過思想、行動和信念與愛的能量連線時，我得到的協助與指引是無窮盡的。我知道我可以和這股愛的力量共同創造現實，我因此能夠活在喜悅並把光散播出去。

當我大聲唸出這份宣言時，我感動得流下眼淚。這就是我們的目標。寫一份能從心底感動自己的信心宣言。你可以使用部分你上面的答問所寫下的回答，寫出能讓你對宇宙堅信不移的宣言。

寫下你的信心宣言，不要刪修。想到什麼就寫什麼。不要評斷內容，也不要想著該怎麼讓它完美。讓文字自然流瀉。你隨時可以回來增加內容，所以下筆就寫，不要遲疑。

▶ 步驟五：貫徹你的信心宣言

你已經寫好了信心宣言，現在該做些有趣的事了。接下來的二十四小時，承諾要做到你的宣言：活在信心裡。一開始先對自己大聲唸出信心宣言，再唸這句真言：我相信我與宇宙是相連的，我深信我是被指引的。

接下來的二十四小時，你都要本著你對宇宙的信心來處理生活各層面的問題。當某件事給你共時性的體驗，開心慶祝這個與宇宙同步和連線的時刻。如果某件事出狀況了，把它看成是通往正確方向的彎路，提供了你指引與協助。把發生的一切視為愛的指引。原諒自己的負面想法與行為，然後馬上把思緒拉回你的信心宣言。

如果依賴自己信心的這個想法令你害怕或無法承受，別忘了，這事做起來應該很好玩才對！這是個很不一樣、很棒的實驗，它就是要你活在對宇宙的信心裡，活在對愛的堅持裡。就今天這一天，讓我們試試看，無論發生什麼事，都把你對愛的信心當作依靠的感覺會是如何。

二十四小時之後，花些時間仔細回想自己的經驗。在你的筆記本把奇蹟出現的時刻一一記錄下來。你什麼時候抗拒宇宙

的協助，也誠實寫下。如果你喜歡這項練習，繼續做下去。每天持續實際測試你的信心。好好享受練習與宇宙同步的樂趣。如果你覺得你的心靈鍛鍊有成效，那麼你的待辦項目可以刪去一條了。在心靈成長的路上，你愈是具有玩心與好奇心，愈容易見證共時性的經驗。用喜悅的心與開放的態度和宇宙共創你的經驗。細細品味這趟旅程。

當你完成這項練習，你就能領會心靈自由的感受，事實上這個自由你現在也能體驗得到。努力讓心靈自由二十四小時很容易辦到，因為你知道隔天你可以回到控制和擔憂的狀態。雖然你不喜歡那個感受，但你可能覺得那樣有安全感。而我希望的是，你從這二十四小時的實驗感受到極大的喜悅，這樣的喜悅會讓你以後經常使用這個方法，哪怕只是短時間也好。就讓這項練習成為你的例行心靈功課。給自己喘息的空間，暫離你在大腦與現實環境創造的混亂局面。這些暫離的時刻可以讓你暫時從所有你認為自己必須辦到的事，所有你認為自己必須控制的事裡得到舒緩。要知道，只要你願意，你隨時可以讓你的心靈放假，讓光進來，讓你的創造能量得以發揮，並吸引你所渴望的事物。

當你暫時脫離混亂和恐懼的那一刻，就是你創造新經驗的開始。這些你體驗到的稍縱即逝的自由時刻有著非常強大的力

量。它們就像在一片漆黑中的光點，你愈常讓光進來，你愈是有安全感，不懼怕黑暗。恐懼是一種習慣，這個練習會引導你養成愛這個新習慣，而隨著時間，你的新習慣將勝過恐懼帶給你的壓力。

把這項練習帶入你的日常生活。留在愛的流動裡，每天為自己設立正面意圖。這個意圖可以是更加關愛你的伴侶，提高工作效率，吃東西時更專心，諸如此類的。當你設定正面意圖時，你就是在向宇宙傳送明確的訊息：你已準備好接收宇宙的支持。你已經做了該做的。接下來要做的就是：耐心等候，玩得開心，並且相信奇蹟。

實踐了這些做法並不表示你再也不會遇到問題。衝突也是人生歷程的自然一環，當你從愛的角度面對，衝突會是最佳的學習與成長機會。當你全心投入這項練習，你處理問題的態度會變得不一樣。你不再抓狂、沮喪，也不會想硬逼出個你要的結果，你的慣性反應將會變成仰賴宇宙的協助。你可以請求宇宙向你揭示每個問題背後的重要課題，並提醒你重拾愛的觀點，回到愛裡。你愈常練習仰賴奇蹟的思維，你回到愛裡的速度會愈快。你回到愛裡的速度愈快，你就會變得更開心、更平靜。

當然，說到我們能夠共同創造好事，大家都很容易接受。但如果好事換成障礙呢？當你無預警地被開除，或者健康突然出狀況？我們怎麼會在生活裡和宇宙共創出這些艱難的處境呢？其實，困境和順境同樣反映出我們是怎麼看待自己，也反映出我們與宇宙的關係。艱難的處境通常反映我們身上帶著的壓力、恐懼，以及與宇宙的分離感。這時透過愛的角度來見證你生命裡的艱難處境就非常重要。選擇把它們視為心靈鍛鍊的時機，並且更常做靈性練習。我們愈能做到與宇宙的深度連結，我們愈容易隨生命流動並體驗到更多共時性的經驗。

無論你希望人生的哪個層面得到指引，這些指引有的來得快，有的需要時間。其實，時間表無關緊要。事實上，在你創造奇蹟的時候，時間這個因素並不相關。你只要持續隨著生命流動，抱持信心就對了。當我與節子重逢，並且順利與日本人簽訂出版合約時，我並不是很意外。我相信愛，我努力實踐奇蹟，因為這樣，我深深相信這件事體現了一件事：我與至善的步調完全一致。這次與日方簽約的時間點，對書，對節子來說，完美至極。宇宙對我們自有安排，我們要做的就是清除障礙，接受安排。

忠於愛，不要擋住宇宙的路。各位，這就是你要做的事。真的就這麼簡單！

你現在就能活出這樣充滿力量的生活。在人生的旅途，與宇宙共創實相的感覺充實無比。與宇宙一起合作的生活，會徹底改變你的人生。

讓我們繼續這個強化信心的旅程，你將會全然地擁抱你和宇宙的關係。

以下是學習步驟的重點回顧：

- 奇蹟是自然的事。放手讓宇宙協助你。
- 每天經常這麼禱告：「我把注意力放在周遭的愛，我期待奇蹟出現。」
- 練習做到放手，不干預。奇蹟是一種習慣，它的出現應該是自然而然的。
- 擬寫你的信心宣言。
- 貫徹你的信心宣言，並且經常覆誦。

當我們進入第九章，你的信心會是你最強大的資源。接下來的內容，我要請你開始練習放下恐懼，完全臣服於宇宙的愛與恩典。我要求的某些事可能看似困難，請把你的信心宣言作為助力，我們將會清除路上的障礙，走向自由與平靜。

體會萬物一體是解脫之道

寫這本書進入第六個月的時候，我發現我感覺自己像個騙子，因為我不時發現有些討厭的東西悄悄滲入我的言談、想法以及與人們之間的互動。即使我持續練習本書的觀念，我還是覺得沒有跟自己真實的愛的本質連線，因為有個揮之不去的壞習慣——批判的習慣。這個批判是我們不承認的陰影的投射。不論我多常禱告，多有服務的精神，也經常靜坐冥想，但是好批判的天性阻斷了我與宇宙的連結。這樣的行為最初看不出有什麼影響，但終究帶給我悲傷和失去連結的感受。批判的習慣悄悄而迅速地讓我不再快樂，加深了我與他人的分離感，阻斷我和宇宙的連結。我總是脖子痛，而且發現自己愈來愈容易跟所愛的人為瑣碎小事激烈爭執。

我因此決定要好好檢視自己的想法、說法和做法。我用愛

的眼光看著自己的行為，意識到批判是造成連結斷離的原因。看似無傷和不重要的批判行為切斷了我最重要的資源——我的存在、我的力量，以及隨愛流動的能力。

當我開始留意批判帶給我什麼感覺時，我發現每回只要一批判，我的能量就會低落，身心覺得疲累。《奇蹟課程》這樣說：「不批判，小我就無法生存。小我總是尋找分裂和分離。聖靈則尋求合一與療癒。」因此，如果批判讓我們有分離感，慈悲和理解讓我們有一體和諧的感覺，那我們為什麼要把時間浪費在批判呢？部分原因跟我們生活的這個世界有關。大眾文化和媒體過度強調外貌、身份地位和物質財富的價值，使得我們總覺得自己缺東少西，「矮人一截」。我們利用批判逃避自己的不足感、不安全感和欠缺的自我價值感。取笑別人的弱點要比正視自己的缺點容易許多。批判和分裂是今日世界許多問題的根本。沒有批判，我們看待彼此是平等的。我們不會有比誰好和比誰不足的感覺。我們是一體的。萬物一體是我們真正的本質。當我們和萬物一體的感覺同步，批判和分裂自會消散，我們與宇宙的愛得以恢復連結。

在見證了批判會削弱我的力量之後，我決定改變方式，著手練習清除批判，以便釋放產生分離感的模式，並強化我跟萬物一體的體驗。雖然一開始很困難，但我漸漸改掉了批判的習

慣，事實上，我不再與批判起共鳴。沒多久，我就發現許多意外的驚喜：新的工作機會上門，一直期盼與某個特別的人建立關係也成真了，某些私人交情變得更穩固和緊密。就連我脖子的痛也逐漸消退。當我擺脫批判的習慣，立刻就清出了可以容納更多愛的空間。

從某些角度來看，放掉批判的習慣感覺像是和一位你（內心深處）知道對你無益的朋友說再見。即使你的心告訴你，時候到了，該往前走了，你還是會覺得有點悲傷、失落與茫然。徹底放掉批判的習慣或許會令人感到害怕，因為我們已經依賴這個模式已久。我們利用批判來逃避自己的不足、自卑、欠缺安全感和自我價值等感受。我們不但沒有正視這些感覺，反而盯著他人的缺點，這樣就不用面對自己的痛苦。然而，把對自身的批判投射到他人身上只能得到暫時的解脫。我們那種欠缺或比不上他人的感覺不僅沒消失，更糟的是，我們還會因為批判別人而產生無意識的罪惡感。

每當你察覺自己的心不平靜，生命沒有自然地流動，這就是你陷在錯誤的批判思維的跡象了。

批判有許多種表現方式。譬如說，當你認為別人是你快樂或痛苦的來源時，你便是在做評斷，而這也是批判的一種。批

判經常表現為嫉妒、比較和羨慕。批判有時很狡猾，它會擺出一副自己很有道理的姿態，譴責某個你認為錯待或冤枉你的人。但是，正是這樣的批判讓我們一直陷在以為自己與他人是分離的幻相裡。

我曾在某次晚餐聚會親身體驗過這一課。那晚我和我先生到某位朋友家聚會。我們抵達現場後，被帶到一個小房間，裡面有六個人，有人在吃開胃菜，有的人喝酒。這群人當中有位女子似乎掌握了談話的主導權。她說話非常大聲，誇耀自己的事業，對話的主題總圍繞在她自己身上。她這種行為真的令我生氣。我心裡一直想，她以為她是誰？她為什麼講話這麼大聲？這樣我要怎麼說話？

為了對抗她這種愛誇耀的行徑，我也開始大聲說話。我讓每個人都知道我是誰，我有怎樣的成就，刻意要讓別人知道我的存在。我被這個女人弄得很煩，鐵了心要確定大家都聽到我說的話。

沒多久，大家坐下來吃晚餐。幸好那位惹人厭的女子被安排坐在餐桌的另一頭，這樣我就不用再聽她荒謬的言論了。雖然她坐得遠遠地，但是我發現她用餐的時候一直盯著我看。這讓我更生氣了。她為什麼要盯著我看？

用過晚餐後，大家都離開飯廳繼續喝酒，但是我沒離開，因為我已經戒酒將近十年。這時那個討人厭的女人走向我。天哪！我心想。她朝我走來並說：「我發現妳沒喝酒。」我回答：「是啊，我戒酒快十年了。」她回說：「我也是。我戒酒七年了。」

　　在那個當下，所有的分離與分裂都消散了。我在她身上看到了自己。我了解到我對她的批判只是反映出我不願承認的自我陰暗面。她想被看見的需求就是我想被看見的需求。她那種引人注意的行為，我也有。我們兩個都是戒除酒癮，努力尋求他人認同的人。我們同時也是戒酒成功的健康女性，對於自己不再喝酒感到自豪。她的陰暗面和光明面都是我的投影。當我能夠在她身上看到自己的那一刻，所有的界線消融了，我們都是一體。

　　這次經驗是一堂很棒的教導，教導我放下批判。你對他人的批判往往反映出對自己的批判，而你對他人的愛，反映出你內心的光。如同瑜伽行者巴贊大師說的：「在別人身上認出自己。」

　　這個經驗是學習放下分離感的最佳宇宙課題。我希望我再也不用走這麼遠的路才能記得萬物是一體。我希望我對自己批判行為的警覺性能愈來愈高，好讓自己自由。

如果你想從這個練習獲益，你必須願意在生活的各層面都放下批判。你不可能誰都不批判，卻只批判老闆、岳母或婆婆，或自己。放下批判必須全面做到。在某些生活層面，你會覺得放下批判很容易。但在其他層面，你會很堅持，你會繼續批判。別擔心，這很正常！然而，不批判能夠使你的渴望更容易達成，身體的疼痛會消失，你會體驗到情緒與心靈的傷口癒合，你會重建你與宇宙的緊密關係。《奇蹟課程》說：「你無法想像當你完全放下批判時的那個解脫與平靜感有多美妙。」因此，如果你想快樂又自由，關鍵就是放下批判。

接下來，我的四步驟練習法會教你怎麼做。當你認真執行這套方法並願意放下批判，所有的分離感和苦痛將會開始消散。

| 宇宙的 教 導 | 你必須願意擺脫舊有模式，接受新方式 |

前幾個章節的課題已為這幾個步驟提前暖身了。你已經清出空間，以更多的愛來看待你的生命並深化與宇宙的連結。放下批判則會進一步引導你與宇宙的關係更為緊密。

花點時間想想自己為什麼會購買這本書。你之所以受到指

引是因為你有意識或下意識地渴望自由，想要感受快樂，想要與你的真正本質重新連結。就讓這個強烈的渴望成為你的助力，幫助你全力投入接下來的練習吧。

依循下述的程序，清除那些緊張、負面和壓力，讓你生命中的正能量得以流動。

▶ 步驟一：不要批判自己的批判行為

本書到了這裡，你應該已經知道你的感受若不是造成阻礙，就是吸引愛進入你的生命。當我開始看到自己好批判的性格帶給我的感受，我很快就能看清為什麼我的生命之流停滯了。批判讓我有無力、悲傷與隔閡的感覺。批判甚至造成我身體的疼痛。在我能夠抽離批判，看著它帶給我什麼感受的那個當下，我就真正意識到它對我和宇宙的連結造成多大的阻礙。

我有位朋友因為覺得自己和宇宙斷了連結，不再聽到直覺的聲音而煩惱。為了處理她的擔憂，我請她評估她每日的批判指數，根據程度從1到10給分（10表示最高）。她誠實地想了一會兒後，說道：「妳知道嗎，我到現在才意識到，原來我的批判指數是9。那種跟別人及自己分離的感覺實在很糟。」她的誠實自我檢視幫助自己看清她是如何被批判阻礙和困住。看

見自己的批判是改變行為模式的第一步。

　　一般人多半不曉得自己動輒批判別人的習慣有多嚴重。當你能做到見證批判的行為而不加批判，就是戒除批判習慣的開始。有件事要留意，當你誠實檢視自己批判的行為時，也許你很想批評自己為什麼如此，也許你為了有這樣的想法或行為而感到慚愧。不要這樣，你應該好好讚許自己，因為你願意用愛來看待自己做過的種種選擇。

　　我們現在來看看你的批判程度。每天花些時間評估自己的批判指數，從0到10給分。誠實面對自己的批判指數。評估個人批判指數的最好方法就是確認批判的行為給你怎樣的感受。當你有批判的念頭，內心難受的感覺愈強，分數愈高。

　　現在就替你的批判程度給分。接下來，寫下你的批判性帶給你的感受。

　　回顧你的筆記。你看得出批判是怎麼讓你的選擇背離愛嗎？你能感覺得出批判怎麼把你困在負面心態，並且讓你以為自己與他人是分離的？看清楚批判是怎麼阻礙你的人生將更加堅定你釋放批判的渴望。

相對於批判，愛是接受。每當你發現自己陷入批判的習性，記得，這是表示你選擇了用分離和恐懼來看待事情。一旦你承認並接受自己做了這樣的選擇，最重要的就是重新選擇。問問自己，「我是想用愛的視角還是批判的視角來看待？」

你要先承認自己選擇了把恐懼當老師，沒有以愛為師。但也要留意，不要再用恐懼來批判恐懼了。不要因為做了那樣的決定而沮喪，你要開心自己看清事實，知道自己之前做了錯誤的選擇，而現在正往自由的路前行。

▶ 步驟二：原諒批判的念頭

卸下你為自己套上的批判枷鎖。《奇蹟課程》說：「每次的溝通若非是愛的延伸，便是在呼求愛。」當你用批判攻擊他人，你真正做的只是在尋求愛罷了。尋求愛是你攻擊背後的真正目的，因為在你的內心深處，你是在保護自己，希望自己不要有不被愛的感受。這也是你認為那個攻擊你的人的真正意圖。你們兩個都只是在找愛罷了。攻擊的本質其實是在呼求幫助。《奇蹟課程》說：「愛永遠都會回應；遇見有人需要幫助，聽到你創造出來卻不想要的這個陌生世界處處傳來的痛苦吶喊，愛不可能不理會。」

我想再次重申這個重點：言語攻擊、痛苦、恐懼、批判，以及任何形式的分離/分裂，都只是在呼喊幫助，都是在求助。當你的身體有病痛，你知道你需要解除這個痛苦。批判也是如此。批判是一種情緒上的苦痛，而你想要解除這個痛苦。無論你知不知道，其實你並不想一直處在生病、悲傷和害怕的狀態。你想要自由。看著自己批判的行為，但不要批判。承認自己選擇了恐懼，並且敞開心接受你所呼喚的協助。

　　這把我們帶到原諒的主題。任何時刻只要看到自己又批判了，只要原諒這個想法，你就能自由。原諒自己有這樣的想法，連想法也一併原諒。

　　看出這個想法不是來自你的高我。向那個好批判的自己致敬，記得，你只是在尋求愛。然後，盡快選擇原諒那個想法。你不需要緊抓著那個批判的想法不放，不需要重複播放那個想法，你可以當下就原諒它。這個簡單的渴望會順暢地引導你進入神聖瞬間。

　　用這句禱詞來歡迎「神聖瞬間」：

　　「我承認自己做了錯誤的選擇，我原諒自己有錯誤的想法，我要重新選擇。我選擇愛。」

恐懼的存在表示你在抗拒，在抵抗愛。回到愛的方式就是臣服於神聖瞬間。在你拋開恐懼選擇愛的那一刻，你就超越了錯誤的觀念與分離的意識，重新與合一，也就是萬物一體校準。只要陳述上面的禱詞，能夠讓你立刻解脫恐懼。

▶ 步驟三：每一次都是第一次

人們往往會把自身的過往經驗投射到當前的環境，以舊有的觀點來看待和評斷他人和自己。這就如同用恐懼的觀點來看待世界。舉個例，假設你在成長過程中一直因權威的問題與自己的母親起爭執，那你很可能因為厭惡她的權威而把同樣問題投射到現在的老闆身上。

當我們接受人生是間教室，而人們是我們的老師，我們就在開始療癒我們的批判習性，不再對別人冒然批判。這樣的態度會讓我們從不同的角度看待事情。看到自己是怎麼硬把過去置入目前的情境，然後重新做出選擇。我們可以選擇用第一次見到的心情來看待所見的人事物。想想看，如果你沒有把自己的過去帶進你的人際關係（或每次與人的相會），你會多麼自由！

如果你要見的人可能觸動你過去的陰影，請在見面前練習

這句禱詞：

「我要用第一次見這個人的心情來見面。」

當你練習用第一次見面的心情看待對方，就等於放掉過去你對他們的錯誤投射和那些使你們疏離的想法。與其用過去的經驗看待別人，把他們看作是在呼喚愛。記得，你們兩人都同樣被困在恐懼的循環，都迫切地在找尋出口。而這個出口就是：愛。

當靈性導師提到所有人類都是一體時，他們所說的一體指的是我們想要快樂和自由的渴望。我們都有同樣的渴望，我們也都有同樣的恐懼。如果有愈來愈多人選擇愛，那麼萬物就能恢復一體。這要從自己，從你做起。你在療癒這個世界有著重要的角色。你在你的人生中創造出愈多的萬物一體的時刻，你愈能照亮身邊的每一個人。我相信這是我們來到這世上最重要的任務。選擇愛，恢復一體/合一，把我們的光散發出來。

接著我們要進入最後一個步驟：合一的靜坐冥想。

▶ 步驟四:感受合一的靜坐冥想。

請跟著下面這個美妙的昆達里尼靜坐冥想法進行。這套靜坐冥想法設計的目的是提醒我們:我們的本質是一樣的,而這個本質超越了我們的肉身。練習這個靜坐法可以連結我們的本質,讓我們當下體驗到與萬物合一。

姿勢/手印:輕鬆地盤坐在地板上,脊椎挺直。右手握拳,食指朝上。左手貼在胸口(如下圖)。你也可以找個同伴背靠背一起練習這個靜坐冥想法。

視覺焦點:眼睛盯著眉頭。

真言：我建議大家播放由賈依‧賈格帝許（Jai-Jagdeesh）唱的〈我就是你〉（I am Thine）這首歌。這段真言是：Humee Hum, Tumee Tum, Wahe Guru; I am Thine, in Mine, Myself, Wahe Guru。

翻譯：我是你，你是我，我們一同流入意識之海。
（註：前半句是梵語，後半是該句的英語翻譯。這首歌可在網路搜尋得到。）

這個靜坐冥想法歡慶我們與他人的連結，因為我們和宇宙是相連的。Humee Hum 會把我們的頻率對準我們的意識，Tumee Tum 接受我們與他人的意識是一體的。Wahe Guru 的意思是，你我都與宇宙相連。然後我們唱頌「我就是你，我的存在裡面有你」，把我們個人的意識投射到無限的大我意識。這個世界證實我們和宇宙是一體的。最後，我們頌揚與宇宙相連的共同關係。

跟著這段音樂唱誦十一分鐘（或少於十一分鐘）。

如果你從沒唱誦過真言，試試看。我之所以愛上昆達里尼靜坐冥想法，就是因為真言。我整個人融入真言，想起了自己和宇宙的密切關係。我特意選擇這個昆達里尼靜坐為清除批判

的練習過程畫下句點，這樣你才能深刻體會拆除分離的牆並在關係裡重新合一是什麼感覺。

練習這四個步驟，等候奇蹟出現。你隨時可以得到自由。只要你持續努力放下批判，自由之路就會不斷在你眼前開展。要記得，批判是個討厭的習慣。你愈常練習這些基本方法，習慣的力量就會減弱，而你將體驗到更多的自由。

我最近遇到一件事，正好可以實踐這四個步驟。當時我在聖地牙哥參加為期十一天的心靈靜修活動。結束時，我的感覺好極了，覺得自己與宇宙的連結無比牢固。當我抵達機場準備回家，發現班機要延遲三小時。但我完全沒有不安或擔心，因為我那整週都在靜坐冥想和上心靈課程，整個人還籠罩在高頻能量的氛圍裡。我坐下來閱讀和放鬆，一邊耐心等候這段時間過去。一小時後傳來班機要延遲十二小時的消息。這下我中午的班機變成午夜才能起飛，也就是說我會搭夜間航班紅著一雙眼回到紐約。雖然我很討厭坐夜間航班（還有機場），我還是努力保持冷靜，隨順於計劃的改變。我還得在機場待上八小時，於是我努力讓自己放鬆，做點事情。

一小時後，我走到櫃台詢問我的班機。結果服務員以很負面的態度回應和敷衍，一副我在浪費她時間的樣子。這個舉動

瞬間引爆我的小我——自以為是的模式被啟動了。我想都沒想就在心裡批判對方：妳竟敢這樣對我？分離、批判與攻擊的情緒開始蔓延。為了不讓當時的場面難看，我轉身離開去吃晚餐。

過了一小時，我回到登機門詢問班機的最新情形。這時候我已經在機場待了超過七個小時，而且還要等上好幾個小時。我努力穩住禪的心境，平靜地走向櫃台請服務人員說明情形。櫃台是兩位剛到的服務人員，但在我走向櫃台時，先前那位無禮的服務員站了過來。她用嫌惡的態度看著我，說道：「你現在有何貴幹？」這一說惹得我情緒激動。我看著她說：「你知不知道我已經在這裡等了七個小時，我的班機已經延遲了十二個小時。你知不知道我累死了，我一心只想回家。你幫不上忙至少要有禮貌。」她繼續維護她的權威，說我問的問題太多了，叫我要冷靜。這時的我態度轉為嚴肅，我回她：「我可是這家航空公司最好的顧客！我的班機已經晚了十二個小時！我只希望你的態度好一點。」她完全不在乎我的反應或是我令人討厭的語氣。這時我氣沖沖得走開。

說話提高音量並還以顏色，沒有讓我的心情比較好受。我轉身離開櫃台的那一刻，眼淚瞬間流下。我覺得很挫敗、很疲憊、很悲傷。我坐定了一會兒，跟自己的身體對話。我問自己，

為什麼我這麼悲傷？是不是因為我沒能以我的方式達到目的？還是因為我覺得不受尊重？不是。我會有這種感覺是因為我抵擋不住小我啟動的分離感，我讓批判牽著我走。看清事實的這刻，願意承認自己在這個情況所應擔負的責任，是我收拾批判發作所帶來殘局的第一步。

第二步就是承認這個批判帶給我的感受——心情沮喪、身體不適、傷心難過。

承認之後，我已準備好進行放下過去陰影的第三個步驟。那一刻，我決定用像是第一次見到那位空服員的心情看待她。我選擇不把她看作是分離的個體。我不再把她視為別人，我選擇把她跟我看作是一體的。我再次聽到瑜伽行者巴贊的話在我耳邊響起：「看出別人就是你……看出別人就是你。」

為了獲得進一步的指引，我請求神聖瞬間的協助。我這樣禱告：「我承認自己做了錯誤的選擇，我原諒自己有錯誤的想法，我要重新選擇。我選擇愛。」

說完後我的心情瞬間好轉。（我想，這就是他們把這叫做「神聖瞬間」的原因吧。）我開始靜坐，聆聽我的真言，讓愛的感覺回來。一股平靜的暖流通過了我。我的心再也沒有憤

怒，轉而生起一種深刻的連結感。我聽到內心智慧這樣說：「她就是你。她的痛苦就是你的痛苦，她受折磨等於你受折磨。你們兩人要的是一樣的：你們都希望心情恢復平靜。」

結束靜坐後，我的批判念頭也消散了。我可以把她看作自己，我自由了。這時的我能夠平靜地看書、放鬆。過了一會兒，當我走過她的服務台時，我覺得背後有股力量讓我放慢了腳步。我想也沒想，就站在服務台前，直視她的眼睛說：「我要道歉，我不該用那種態度跟妳說話。很不恰當，希望妳能原諒我。」她微笑著對我說：「很抱歉，您今天過得很不順利。如果有什麼我幫得上忙的，請告訴我。」這就是奇蹟時刻。我當晚又餓又累地離開機場，但我覺得我與上帝的距離更接近了。

這個釋放批判的練習，用愛消融了所有界線，帶領我們回到真相：我們是一體的。我們都在受苦，我們都感覺自己不值得，感覺自己被遺棄或被遺忘。召喚神聖瞬間會幫助我們想起我們都是一樣的，我們應該善待彼此。認出我們的共同點讓我們能夠將焦點從分離轉換到愛。恐懼是我們共有的思維模式，但是愛的思維也是我們所共有。最重要的是，我們有著同樣的能力；我們都能選擇愛而不是恐懼。正如我親愛的老師肯尼斯‧霍布尼克（Kenneth Wapnick）所說：「我們關心的事情是一樣的，我們都想從不友善的夢中醒來，找回良善仁慈——我們

的本質。」

以下是四個步驟的重點回顧：

- 願意放下批判的習慣，承認自己過去選擇了恐懼。
- 用下面這句禱詞，原諒自己起了批判的念頭：「我承認自己做了錯誤的選擇，我原諒自己有錯誤的想法，我要重新選擇。我選擇愛。」
- 以第一次看到對方的心情，透過愛的眼光看待對方，放下過去的陰影。
- 練習昆達里尼靜坐冥想法，看出別人就是你。

這個四步驟的程序會幫助你一步步走向自由。每次只要我們放下批判，回到愛，我們就會體驗到奇蹟。這些奇蹟時刻累積下來，會使我們更貼近自己的真實本性，更容易收到宇宙的協助。每當你練習去除批判，你就會收到充滿愛的回應方式與解決之道。正如《奇蹟課程》所說的，「天堂所有的天使都來做你的後援。」

讓愛引導你的一言一行。

我在第十章會帶引你了解，當我們有意識地與愛連結，這個連結會如何清除障礙，協助我們找到平靜與和諧。

第
十
章

你就是宇宙

　　我曾經和朋友一起參加為期一週的訓練課程，老師是迪帕克‧喬普拉（Deepak Chopra）。課程第一天，迪帕克請我們各自找搭檔，兩人一組，然後相互問對方一連串問題。我的搭檔是位年輕女子艾莎。練習過程中，一方必須在另一方的耳邊輕聲反覆提問，被問的一方想到什麼就說什麼。

　　我們開始提問。艾莎在我耳邊輕聲問：「妳是誰？」我第一個反應是：「我是嘉柏麗‧柏恩斯坦。」她繼續問，「妳是誰？」我回：「我是小嘉。」她反覆問了這個問題好幾遍，我持續用描述我這個人、我的人格特質，我覺得我在這世界的定位等角度來回答。

　　後來艾莎問我下一個問題：「妳想要什麼？」我回答：「我想要吃點心。」她繼續問：「妳想要什麼？」我回答：「我想睡

一下。」

　　這個好笑的問與答繼續下去⋯⋯
　　「妳想要什麼？」
　　「我想要晚上好好睡一覺。」
　　「妳想要什麼？」
　　「我想喝咖啡。」
　　「妳想要什麼？」
　　「我有說了我想睡一下嗎？」

　　問與答進行幾回合後，練習結束，大家各自回到座位。我記得我後來感覺很糟。我心想：「我人在心靈靜修中心，結果滿腦子只想著什麼時候吃點心。」

　　我沒有太多時間懊悔自己練習時的表現怎麼這麼差，因為迪帕克老師馬上帶領我們進行團體冥想。他指導我們反覆唸誦真言，教導我們釋放在前一項練習過程中所浮現的種種罣礙。靜坐了幾分鐘後，我開始有種解脫的感覺。我的思緒悄悄進入寂靜無聲的狀態。在這個空間，一切都不重要了；在這個空間，感覺非常自由。我放鬆自己，潛入寂靜中，放下所有我為自己堆砌的虛假表象。在那一刻，我和宇宙融為一體。突然間，內心有個聲音大聲說：「我和宇宙是一體的，我想更接近

宇宙意識，我想提升意識層次。」我和宇宙能量重新連線已經很長一段時間了，所以能很快憶起自己的真實本性。結束靜坐後，我記得我和宇宙是一體的，而且我想更接近這個真相。這個下意識的反應讓我瞬間流下眼淚。在真相的面前，所有的恐懼都散去了，所有的分離都消融了，所有的批判都放下了。在那一刻，我是自由的。

那個禮拜稍晚，在我接受迪帕克訓練的期間，我有機會和他坐下單獨談話。我把個人心靈探索的種種，我所選擇過的道路，還有那些我相信的真相都告訴他。我說：「我跟隨了《奇蹟課程》、昆達里尼瑜伽術，以及許多其他心靈思想體系，這樣可以嗎？目前為止我還沒有選定一種特定的道路，這樣可以嗎？」他回答：「當然可以！只要能夠幫助你接近宇宙意識，都好。」

迪帕克說的沒錯。我們的工作是努力提升意識層次，而每個人都有他/她獨特的做法。本書的每項練習也都是在慢慢帶引大家提升意識層次，提醒你們，你的真正本質 —— 你是宇宙的愛的能量。當我們在靜坐墊上冥想的時候，或是我們選擇放下評斷，原諒對方的時候，這個真相會在我們最沒預期時出其不意地出現。假如我們可以常常感受到和宇宙的連結關係，不是很好嗎？

我們與愛的連結，往往是夾雜在腦袋裡那些混亂吵雜聲的一句低語。恐懼與分離是我們必須隨時打斷的模式。當我們透過認真禱告與靜坐冥想來轉變這個模式，我們就會開始仰賴愛多於恐懼。當愛成為我們的預設值，我們能夠把我們的想法與能量重新導向，使它迅速重返我們的真相。這本書教大家如何放下這世界虛假的一面並且憶起真相──那就是愛。不要批判你的方法和道路，不要想要完美。只要堅定專注在連結宇宙的頻率，連結愛就好。

宇宙的
教　導　**你和宇宙是一體的**

要認識你的真相，就是讓愛的聲音迴盪在你心裡的每個念頭。即便誤入了恐懼的歧路──這種情形一天會出現很多次，每當你看到自己做了錯誤選擇，請立刻投入愛的呼喚。不要忍受恐懼，不要讓你的思緒徘徊在恐懼裡。把愛變成你的優先選項。

想想看，如果你一天都全心在選擇愛，生命會有多麼不同。想像一下，如果你早上醒來，不是打開電視新聞，不是猛灌咖啡和查看手機，而是以誠心禱告或靜坐冥想開始你的一天，會是如何？我的老師瑪麗安·威廉森（Marianne Williamson）

這麼說：「當我們把時間用來安靜獨處，我們的生命會變得不一樣，因為我們的神經系統不一樣了。」接通宇宙愛的頻率，可以降低我們的壓力指數，修復我們的細胞並重整我們的能量。有意識地與愛連結會打斷恐懼的模式，回復我們的真實本性。

雖然這本書好像提供了許多課題與練習，事實上只有一個，那就是：選擇愛。你每練習一次，就會將你往愛推進一步。每次的祈禱、靜坐冥想和練習，都會幫助你轉變焦點，使你不再認為自己與宇宙的愛分離。《奇蹟課程》教導我們：「恐懼絕對無法進入與愛相繫的心靈。」每一次你將焦點轉換到愛，你就能釋放分離感，重新與宇宙建立連結。

當我們與宇宙的愛連線，你的平靜就不會被干擾。沒有人、沒有任何場合或處境可以奪走你平靜的心。這個觀念不容易懂，因為我們太相信恐懼與分離了。我們相信自己會受傷，於是不惜一切代價保護自己。從心靈的角度來看，我們絕不會受到傷害，因為我們隨時都可以選擇愛。我們愈是堅持愛，我們對愛的信心會更堅定。我可以非常肯定，很有自信地這麼說，因為我努力擺脫了生命中的恐懼，不再把自己視為分離的個體。每個嶄新的一天都提供我很棒的心靈功課。當我以禱告和誠心面對這些心靈功課，我與宇宙的關係就更密切。甚至在

我寫下這些話的此刻，我都在強化這層連結。

　　我們每個人都是相連結的，因為我們有同樣的問題和同樣的解決之道。我們的問題出在我們誤入恐懼歧路，相信自己在這個世界是分離的、是不安全的。我們都有這樣的問題，因此我們的解決方案也是一樣。解決方案就在於我們心中那個做出愛的選擇的部分。

　　走在靈性道路的各位，有的可能是長年追求靈性成癮的人，有的可能是剛要起步的讀者，無論你目前在哪個階段，你現在就可以接受並相信這個事實：你和宇宙的愛是一體的。我們的靈性之路會引領我們打開心靈的眼睛。這也是我們不再以原有的觀點看待世界的時刻——於是，我們看到的是毅力，不是脆弱；我們看到的是萬物一體，不是分離的個體；我們看到的是愛，不是恐懼。

　　在本書一開始，愛的聲音聽起來或許遙遠，很難聽得清楚。但你愈是往愛的方向靠近，你愈能用心靈的眼睛來看這個世界，用愛的耳朵傾聽，並且活得更開心和自由。這就是放下你對分離的認知，接受你和宇宙是一體的意義。

　　將這些真實連結的時刻串連起來，我們就能開始用愛的角

度看世界，而不是透過恐懼的鏡片。即使在情勢令我們困惑時，我們也有力量迅速回到愛裡。現在就是讓你的真相大聲說話，把恐懼與分離的音量轉小的時候了。就選擇這麼做吧。完全臣服於你的靈性本質、你的目標、你的熱情，以及你和宇宙的緊密關係。

練習到了這個階段，你已經準備好擁抱自己的真正連結了。下列步驟的設計目的是為了深化你的信念——相信你和宇宙的愛是一體的。

▶ 步驟一：祈禱見到真相

祈禱是通往愛的途徑。這個禱文的功用是作為你的分離感跟你的真相的中介。把這個禱文當作無形的引導者，帶你重回愛裡。讓一字一句沉入你的靈魂深處。對自己大聲唸出下面的禱文。

祈禱見到真相

「我召喚宇宙的能量引導我的思想回到愛裡。我放下我加諸在自己身上的錯誤認知。我原諒自己的這些想法，我知道我就是愛。我是平靜。我是慈悲。我是宇宙。」

禱告完畢後，透過接下來的靜坐冥想，沉澱並進入愛的能量裡。

▶ 步驟二：連結你和宇宙的靜坐冥想法

你可以透過這個美妙的昆達里尼靜坐冥想法，敞開心接受愛。這套靜坐冥想法可以把身心和宇宙緊緊相連。昆達里尼是一門提升覺察的瑜伽術。我本身在學習昆達里尼瑜伽，同時也是指導者，因為靜坐與練習可以立刻帶我更接近宇宙意識。昆達里尼靜坐冥想會推動遲滯的能量，幫助你和宇宙直接校準連線。靜坐冥想時的姿勢會開啟你的心，重新連結你和你的真實本性，以及你和宇宙的一體性。

我建議大家進行這段靜坐冥想的同時，播放〈阿門（Amen）〉這首曲子。（註：演唱者是希爾貢‧寇爾（Sirgun Kaur），出自個人音樂專輯《宇宙的禮物（The Cosmic Gift）》。在網路搜尋引擎輸入英文曲名和演唱者名字，即可找到這首曲子。）

吉普賽人呼喚大地之母靈魂的古老方式

此法最初由瑜伽行者巴贊在一九九四年七月四日教導。這個靜坐冥想法的目的是幫助你召喚宇宙的慈愛聖靈。

姿勢：舒服地坐在地板上，盤腿，脊椎挺直，頸部也要挺
　　　直。

手印：兩臂水平上舉六十度，手肘和手腕要伸直。以身體
　　　平面為基準，身體稍微往前傾。手掌上舉的角度和
　　　手臂上舉的角度一致。手指併攏伸直，姆指放鬆。
　　　如下圖所示。

觀想：身體挺直，想像心輪的地方有一道火焰。
呼吸：有意識地做長長的深呼吸。
時間：靜坐冥想三分鐘。
結束：深深地吸氣。屏息十五秒。吐氣。深吸一口氣。體
　　　會自己與宇宙連結的感受。屏息十五秒。吐氣。深
　　　深地吸氣。感受生命的甜美。屏息十五秒。吐氣。

靜坐冥想後，在地面平躺幾分鐘。這個姿勢稱為攤屍式或仰臥式（Savasana）。我認為攤屍式是所有姿勢中最重要的一個，因為這個姿勢可以讓我們徹底放鬆，沉入愛的能量裡。

躺在地板，掌心朝上，讓光與愛的臨在注入你的身體。這時候你有可能覺得手掌有麻刺感，這個感覺是雙手在靜坐冥想的過程中所啟動的。讓愛的能量流過你的身體，放鬆。透過瑜伽體位攤屍式進入深層放鬆的時候，你的神經系統會重整，重建你與愛的連結。

▶ 步驟三：真相是你的名字

休息幾分鐘後，緩緩把注意力帶回你的身體。轉動你的手腕和腳踝，然後慢慢地坐起來。保持這個坐姿，繼續感受你和宇宙的連結。坐起來後，深呼吸，大聲說「薩南（Sat Nam）」。用這個昆達里尼真言結束練習，表示你找到了你的真相。薩（Sat）的意思是「真相」，南（Nam）的意思是「名字」。這個真言的翻譯是「真相是我的名字。」它承認偉大的宇宙就是你的真實身分。

做完這個練習時，你會有一種與宇宙之間更加緊密的聯繫感。即使你只感受到瞬間的自由，在意識覺醒的路上，你又邁

進了一步。瑜伽行者巴贊說：「在深度的靜坐冥想中流動……我的念頭是甘露，神性充滿其中。」經常練習這個靜坐冥想法，隨著時間過去，你和宇宙的連結在生活中會愈來愈明顯。你也可以考慮連續四十天練習這個靜坐。這個靜坐冥想法能夠提供你最直接的路徑，回到你真正的靈性本質。它會讓你想起你就是宇宙的光。

任何時刻只要回到「薩南（Sat Nam）」這個真言，你就會想起你的真相是什麼。如果想常保快樂和自由的心境，我們必須盡可能多與我們真實的本質交流。這個真言溫柔的提醒你回到愛裡。每當你覺得自己和宇宙步調不一致了，重複唸誦薩南真言。

「薩南（Sat Nam）」這個真言的振動頻率會把真相帶入我們在物質界的體驗（也就是我們的現實生活）。「薩」的頻率直達天上，它召喚你和宇宙的連結。「南」是接地的振頻，它認知到你有能力把宇宙的能量帶到你在這個世界的日常經驗。你有能力在你生活的各方面活出你的真相。無論你到哪兒，都要帶著平靜的心。

▶ 步驟四：走在謙卑的道路

要在靈性的道路真正收穫成長，你必須做到謙卑。知道自己和宇宙是一體，表示你接受自己沒有比別人特別，你也沒有與他人分離。這也許是最有挑戰性，難度最高的心靈功課了，因為我們相信自己編織出的自我形象已經太久。

要做到謙虛並不容易——至少對我而言。雖然我多年來全心投入心靈修持，但我也用了一樣的心力堆砌不實在的自我表象。在內心深處，我知道這個小我認知在阻斷我與愛的連結，但這個習慣很難改掉。幸好宇宙給了我一個神聖的功課，逼得我學習謙卑，脫下小我的外衣。

事情是這樣的。不久前，我這個領域有位很傑出和重要的老師舉辦一項活動，我的幾位同業受邀參與，而我卻被排除在外。我沒受邀參加活動的事實，讓我的自尊大受打擊。雖然我沒對任何人說出這個感覺，但我的心情確實很低落，因為我覺得自己錯失了一個好機會。我請我的公關了解這件事，找出我沒能列入名單的原因。經過一番打聽，她打電話給我，「小嘉，這真的很奇怪。我問他們為什麼沒有邀請妳參加時，主辦這項活動的那幾位女士你看我我看你，沉默一會兒才回答，她們覺得妳是個自我感覺良好的人。」我不以為然地說：「她們為什

麼這麼想？我從沒做錯什麼啊！」她回：「她們說，妳散發出來的頻率讓她們有這種感覺。」

我為這個問題呆坐了好幾個小時，我允許自己感受挫折和氣憤的情緒。我覺得不以為然、尷尬及困惑。我不曉得我做了什麼讓她們有這種想法。

整理過自己的感覺以後，我向心靈尋求解決之道。我請宇宙告訴我，我的功課是什麼。我沉思並誠實檢視自己的行為，仔細省視自己在這個處境要負的責任。雖然我認為自己沒「做錯」什麼，但我記得：我們的頻率比我們所說的話傳遞了更多的訊息。我誠實面對我認為自己很特別，跟別人不同的事實。我誠實面對自己不夠謙卑的事實。於是我意識到，這種讓人極為難堪的處境，正是引領我屈服，徹底向謙卑臣服的最佳功課。唯有謙卑地臣服，我才能把內心的陰影帶到陽光底下。

我從教導我《奇蹟課程》的偉大老師肯尼斯・霍布尼克的話裡得到了幫助：「對於所有讓我們極不舒服的處境，我們應該心懷感激，因為沒有它們，我們就不曉得自己還有問題沒被療癒。」

我允許這種難受的感覺引領我回到我的真相。宇宙給我的

這個功課幫助了我努力走在謙卑的道路。我再也不能試圖游走於靈性的謙遜和世俗的小我之間了。該是完全臣服並接受我的人生目標的時候了：成為愛並散播愛。若是沒有謙卑，我永遠也不會知道和宇宙一體的真正意義是什麼。

現在我每天都謙卑地臣服於宇宙，把一切交給宇宙照料。我在每天早上的禱詞裡，顛覆我對自己的認知，然後釋放我的需求與期待，讓宇宙接手處理。這個每日的誠心祈禱讓我跟我真正的本質保持連結。

走在謙卑的道路不代表你放棄了偉大的念頭。事實上，這表示你擁抱自己的浩瀚無邊和力量——這個力量就在於你努力與愛的連結。

要真正接受愛是你的本質，你必須徹底丟棄所有你為自己編造的故事和假象。這件事難度很高，但請相信，即使連結的時間很短暫也仍然受用。許多正準備探究或接受形而上真相的人，對於要放棄自己對世界的原有想法並與愛連結會感到害怕。但那個感覺不是你的真相；那是恐懼的聲音在作祟，恐懼想要繼續存在。相信恐懼，會使你抗拒與愛連結。恐懼要讓你一直以為自己和宇宙的愛是分離的，這樣它才能存在。要丟掉自己認同了一輩子的信念和觀點很嚇人，但放下這些想法，你

才能活得快樂和平靜。說到這，就把我們帶回本書一開始的地方，也就是我們對愛的抗拒。要記得，恐懼會抵抗愛，尤其是當愛在你的生命中愈來愈常出現時。所以只要察覺到恐懼讓你產生了抗拒心理，就向自己承諾要走謙卑的道路。

你的人類經驗是你靈魂旅程的一部分，所以不必期望你這生會一直都活在神聖的連結裡。就把目標放在累積意識覺醒的時刻，最終憶起你是正在體驗人類經驗的愛的靈體。

現在讓我們一起邀請覺醒時刻的到來，接受你的存在浩瀚無邊的事實。以下是出自《奇蹟課程》的一段話，這段話溫柔地提醒了我們，我們是多麼的無限。

使用上帝給你的力量是自然的，就如祂使用祂的力量一般，這不是自大，因為上帝創造了你，但是將祂給的力量放著不用，不做祂所意願的事，反而追逐一些無意義的小事，這就是自大。上帝給你的這個禮物是不受限的。在祂慈悲光芒的照耀下，沒有什麼境遇解決不了，沒有什麼問題無法處理。

每天都盡你最大的努力與宇宙保持對話。把時間用在期待未來的正面結果，而不是老想著事情可能出錯；當有疑慮時，透過靜坐冥想來深化你和宇宙的連結。每當你發現自己陷入對

立或衝突的思維，選擇創意的解決方式。你的投入練習和實踐，會使你經常得到宇宙的協助。你的心靈功課做得如何，從你快樂與平靜的程度便看得出來。

每天致力於內在生活將為你帶來喜悅。雖然你可能仍然深信自己與他人是分離的個體，而你擁有自己獨特的經驗，但你還是可以在你的意識層面為真相騰出一個小空間。因為有了那樣的信念，你就不致迷失方向。

現在回顧本章課題重點：

- 盡一切努力更接近宇宙意識，提升你的意識層次。
- 體驗你與宇宙的相互關聯。練習「見到真相」的禱詞。練習昆達里尼靜坐冥想法，加強你和宇宙連結的體驗。
- 記得，真相是你的名字。練習持誦薩南（Sat Nam）這句真言，繼續努力與你的真正本質－愛－連結。
- 謙卑，並且專注在你的宇宙真相——你就是愛。

別忘了迪帕克・喬普拉說的話：「盡一切努力更接近宇宙意識，提升意識層次。」持續有意識地與宇宙保持連繫，你將會得到自由。在第十一章，我們會透過練習臣服，深化與宇宙的連結。

第
十
一
章

當你認為你已經臣服了，臣服更多

就在我開始寫這本書的期間，我和我先生也準備要有個孩子。這件事我都計劃好了。我期望能很快懷孕，然後減少旅行的次數，這樣我就可以放鬆地待在家裡，一邊寫書，一邊享受懷孕期。

我很認真執行這項計畫：我取消了演講活動，婉拒大好的工作機會，減少工作量，多騰出時間好好照顧自己。我的目標訂好了，而且計劃周詳。但有個問題：我沒有懷孕。一個月又一個月過去了，我不斷重新調整我的目標和期望，努力讓我的懷孕計畫按既定方向進行。我還告訴我所有的朋友，說我們正「有意識地準備生孩子」，但實際情形比較像是控制欲下意識地發作了。

雖然我有種註定要當個母親的強烈感覺，而且我直覺地知

道，有個靈魂已準備好要成為我們的孩子，但我還是把計畫抓得很緊。我變得滿腦子只有時程——不這樣的話，我要怎麼把懷孕生小孩的事排入忙碌的生活裡？我整個人被未來的計畫沖昏了頭。每個月只要知道自己沒懷孕，就一切歸零，重訂行程表，再重新期待接下來的九個月。時間讓我壓力很大，我拼命想要控制時間，好讓這件人生大事不會為生活帶來不便。我對計畫的控制欲徹底切斷了我和宇宙的溝通。我在心裡批判自己為什麼沒有懷孕，我把自己和身邊每個懷孕的人做比較。最糟的是，我四處跟別人說，我深信自己就要當媽媽了，但我內心深處卻有一種說不出的恐懼，我害怕這件事會成空。

大概是在準備懷孕進入第九個月的時候，我和大學時期的朋友參加一場在紐約的跨年聚會。在場每一對夫妻都有孩子，除了我和我先生。我覺得自己像是局外人，人生這個階段沒有我的份。晚餐時間我從頭到尾一直在心裡比較自己和餐桌的每個人，挫折感很重。

隔天早上醒來是元旦，我的「好朋友」來了。又是同樣的問題，另一個月過去了，計劃了一大堆，還是沒有懷孕。這天上午，我的心情極度沮喪，困在一種說不出的羞愧感裡，找不到出口。我的朋友喬登那天待在我家，不知怎的，我竟然有勇氣跟他說出我的心情。我才把感覺說出來，他就溫柔地引導我

見證自己是怎麼讓恐懼和控制欲阻礙了與愛的連結。他提醒我不要再把自己跟那些有孩子的人比較，說我應該祝賀他們。祝賀他們得到愛，這等於我也得到了愛。我們這次的對話，讓我看到自己固定和僵化的計畫是如何導致自己失去希望。

和喬登聊完後，我向宇宙的愛請求療癒。我祈禱並要求宇宙幫助我放下自己的規劃，接受一個更遠大的計畫。在祈禱後的寂靜中，我聽到內心的聲音這樣說：「你的計畫阻礙了上帝的計畫。」我看得出自己的做法是如何一直阻礙了更崇高的計畫。我把這個訊息視為宇宙的另一個功課，歡喜接下我的心靈成長課題。

身為人類的我們總是喜歡設定目標，規劃事情，這是讓大腦維持效率，不被每天的瑣碎小事或問題打亂，不讓生活失去平衡的好方法。但如果我們太執著於非得達成目標不可，死守著規劃不放，我們就會阻擋了自己的路。我們會開始相信自己知道怎麼做最好，拼命追求小我，那個又吵又誤導人的聲音要你走的路。這樣做的代價就是切斷了我們與宇宙的溝通。

這個行為讓我們無法活出最好的至善人生。為了讓愛能閃耀在我們生命的每個角落，我們必須記得，希望永不止息。當我們的心失去了信念，失去對靈性的信心，希望是引領我們前

行的能量。希望提醒了我們愛的力量，並為我們清除阻礙，朝整體最大利益的方向前進。

宇宙的教導｜有時目標會遮蔽了指引

那個想要掌控事情的我並不喜歡「希望」這個字。那個總是擔憂的我認為，心懷希望意味有些事靠我一個人並無法發生。我雖然不喜歡這個想法，但它正是我需要的觀念。「希望」幫助我們度過難關並讓我們選擇以新的方式看待問題。希望會催化奇蹟出現。如果我想擺脫悲傷、羞恥和控制的渴望，我就必須臣服於希望，放下個人的計畫。

在這個過程當中，我被提醒要向內找尋答案。榮格說過：「做夢的人往外看；清醒的人向內看。」當我們往外找尋信心，我們會迷失在夢境裡，看不清自己是誰，不知道自己需要什麼，也不知道何時需要。但是當我們向內看，我們會臣服於獨一無二的真理，那就是愛。只要臣服於愛的力量，當我們陷入人生低潮，也能將低潮視為催化轉變的最佳動力。

透過臣服，我們能找到希望。這件事做起來不容易，我們必須每天練習才行。看看我的例子：我一邊寫書教人怎麼相信

宇宙的愛，一方面卻拼命控制自己的生活細節！控制欲狡猾得很，它會突襲我們。小我以為它知道怎麼做，用盡各種辦法使我們陷於困境。如果你想與自己已經創造出來的能量流保持連結，最好的方法，也是最終有效的方法，就是不斷臣服。

這並不是說臣服很容易做到。我常看到人們掙扎得厲害，尤其是在金錢的問題上。把自己賺錢的能力交到宇宙手中，對某些人來說是一件可怕的事。我們擔心如果不能完全控制收入，我們會繳不起帳單，生活會一團亂。但是這種控制的心態會使得別人不想雇用我們，不想拔擢我們或是買我們的產品。把我們的金錢交給宇宙照料，意思不是說我們不用工作，不用採取行動。它的意思是，我們應該要有信心地採取行動：把對金錢的需求交給宇宙的愛處理，同時也以信心與恩典面對工作。信心與恩典才能開出一條通往富足的道路，而不是控制的能量。

人際和戀愛關係則是另一個要留意的層面。我看到人們努力想要控制伴侶的行為或操弄某個關係。這不必然表示對方就是不懷好意或漠不關心，他們只是迫切想把人際關係弄成他們想要的「模樣」。控制你和他人的關係會阻擋愛並剝奪你學習心靈課題的機會。將你對關係的掌控欲交給宇宙處理，你就是在邀請愛回到生命。當你放手讓宇宙來引導你與人們的關係，

感覺很像預約一位無形的治療師諮詢。愛會自然地進入你的情感與人際關係，指引會以各種形式出現，你的行為也會改變。當你將你與人們的關係臣服於愛，交給愛處理，你的高我就能提供協助。

那麼目標和時間表呢？不管了嗎？如果你和我一樣的話，那你一定喜歡設定計畫並貫徹執行。然而，規劃過頭會阻擋大自然的秩序，把原本無限可能的機會設限了。當你過度規劃，你限制了你與宇宙共同創造的能力。固執地堅持計畫迫使你必須依賴自己的意志力行事，這會妨礙你接收宇宙的智慧和協助。以我的情形來說，我的計畫阻礙了我體驗懷孕的喜悅。因此，放手不再掌控時間和行程規劃，是我唯一能讓愛擔任嚮導，帶領我為自己的生命騰出空間，用恩典展開生命的方法。我必須要把我的計畫與期望交給宇宙看管，並且相信愛會帶我到該去的地方。

臣服於愛，隨順於愛的力量，做起來並不容易，但如果你希望有個充滿奇蹟的生活，你就一定要做到。你不必一夕間做到完全臣服或放下。那不是一下子能做到的事，臣服是一種過程。《奇蹟課程》說：「每跨出一小步，就會驅散一絲黑暗。」

接下來就是我用來驅散控制欲帶來的黑暗，臣服於宇宙的

愛的力量的步驟。

▶ 步驟一：鬆開掌控的手

蓋瑞‧祖卡夫（Gary Zukav）在他的《新靈魂觀》（The Seat of the Soul）裡寫到：「鬆開掌控的手。你要對宇宙這麼說：『願祢的願望達成』而且你知道自己為什麼這麼說。花點時間想想這句話。思考一下『願祢的願望達成』這句話的意思，並且願意將你的人生徹底交到宇宙手中。」

為了和宇宙的指引重新連上線，你必須鬆開緊握的手。當你放下控制的渴望，你就不再跟著小我錯誤的腳步走。你會讓直覺的聲音與愛的能量當你的嚮導。

透過祈禱，你可以做到鬆手。如果你很需要做到臣服，用下面這段話開始你的每一天：

今天我要放下自己的目標和計畫，交給宇宙處理。我告訴宇宙我的目標並接受心靈的指引。我相信有一個計畫比我的計畫更偉大。我知道，只要有不足和限制就會有靈性的解決之道和創意的想法可以因應。我後退一步並讓愛來領路。願祢的願望達成。

這段話會幫助你謙卑地臣服於宇宙的指引。當你放手並順其自然，不可思議的事就會發生，因為你對充滿可能性的無限領域打開了心。在我把想當母親的渴望放下的那一刻，我感受到自己是被照顧的。我知道宇宙會指引我最理想的方向和時間，並為我做最好的安排。相信宇宙的路徑，讓我即使是在不確定的狀態下，也能保持免於恐懼的自由和快樂。

▶ 步驟二：放下對時間的牽掛

活在信心裡的最大絆腳石就是時間。我們的生活裡有著許多無法控制的因素。你無法決定自己哪一天懷孕，無法決定對方何時求婚，還有種種種種的事。但是你能夠控制自己怎麼度過每一天每一刻。放下控制時間的渴望，做法便是活在當下。每當你決定要選擇愛，奇蹟就會發生。這個簡單的選擇——選擇愛而非恐懼——能幫助你釋放對控制時間的需要，恢復你的希望與信心。愛是一個決定，而你被要求去做的只有一件事：願意去選擇愛。每次你這麼選擇就是奇蹟。只要你願意全心實踐，你對時間的執著就會畫下句點。奇蹟就在當下。

《奇蹟課程》第一七三課這麼說：「光已經來了。」有一回我和亦師亦友的羅伯・霍登（Robert Holden）深談。我們兩人都很喜歡這一課。對羅伯來說，這一課是在溫馨提醒我們，

光，不是等我們找到工作或有了孩子才出現。光已經在這裡了，它早就在這裡了。任何時候你都可以臣服於光並活在奇蹟裡。

要擺脫對時間的執著，我們就必須相信光已經來了。我們渴望得到的愛、喜悅與平靜已經在我們身上體現。任何時候，只要發現你又被困在時間的概念裡，你都能選擇回到奇蹟的時刻。接受光已經來了，然後活在奇蹟裡。想像一下，假如你能時刻活在當下，享受當下，而不是活在人生經驗的框架裡（比如有重大成就才開心），你的心靈會有多麼自由！

放下對時間的牽掛，你對宇宙的安排就會有信心。你會有信心發生在你身上的一切，時間恰到好處，是為了你能成長和療癒。擁抱存在於每一刻的奇蹟，道路會隨著你跨出的每一步在最恰當的時機在你眼前開展。心靈進化的旅途急不得，好好體驗吧。重點是旅途的過程，不是目的地。

▶ 步驟三：將目標交付宇宙，讓信心引路

我們必須學會放下目標，擁抱信心和希望。設定目標通常意味你必須完成某件事才會快樂。別忘了，只要你願意臣服，想像未來、心懷夢想和渴望並沒有問題。關鍵在於：懷抱偉大

的夢想，但把它們交付給宇宙。

我們必須學會放下執著，才能體會自由與臣服。迪帕克·喬普拉說：「如果你的快樂是有原因的，那你仍在受苦，因為那個快樂的原因可能明天就被拿走。」不要把某個原因或事情的結果當作自己快樂的來源，我們必須學習信任宇宙的奇蹟。每一天都會帶來值得慶祝的新奇蹟。如果我們選擇從奇蹟的角度看事情，每一刻都會是奇蹟。

不要再滿腦子想著目標和結果，將你的注意力重新導向為慶祝你已經擁有的一切。轉變注意力的焦點。每天把注意力放在生活的順遂面。以我為例，我放棄了在特定日期懷孕的目標，轉而選擇把注意力放在我對先生的深愛上。我一心想著與宇宙連結和在愛中的感覺。我把我的能量重新導向到自己享有的健康身體。我專心想著我的家和我為了即將來到生命中的寶寶所創造的空間。我不再只專注於新事物（或新成員）何時會出現，我專注於我現在所擁有的。

當你把注意力轉回到你在生命中已經擁有和享受的一切，你就不會再想著自己需要什麼。這麼做不表示你不能有渴望。事實上，正好相反。當你把實現願望的壓力拿掉，你就能把更多的愛和能量帶入你的渴望。把注意力放在自己已擁有的，將

創造出更多你想要的。

▶ 步驟四：交給神聖三角

我的心靈修習會用到一個美麗的物件 —— 神聖三角。那是一個木製的三角形，我把它掛在我的聖壇。這個三角形的每一個角都有意義：信心、愛和慈悲。這個想法是這樣的：把你的渴望寫在紙上，放入神聖三角，你的渴望將會得到照應。把你的渴望放進三角一個禮拜後，取出那張紙燒掉。把紙張燒掉象徵你的信心並信任自己的渴望已得到支持。（我把我的紙片拿到廚房碗槽燒掉。如果你不想用燒的，丟進馬桶沖掉也可以。）

當這一章即將完成時，我才意識到我還沒有把我想當母親的渴望放入神聖三角。這段時間我的控制欲實在太強了，強到竟然忘了這個重要步驟。我將渴望放進三角的儀式讓我告訴宇宙，我知道這件事已在處理中。

你也可以有自己的神聖三角。你可以自己製作，如果自己手作不是你的風格，就用個盒子也可以。我教過許多人製作屬於他們自己的上帝盒子，它的功用和三角一樣。你可以照你想的裝飾這個盒子，只要你覺得那麼做能夠帶給你力量。一旦你

有了自己的神聖三角或盒子，試用看看。把你的渴望寫下來，然後交到宇宙的手中。一個禮拜後，把它取出燒掉（務必要安全地在洗手槽裡燒掉）。就這樣。在你持續使用你的神聖三角時，記得，不要再把同一個渴望放進盒子，因為那意味你不相信你的渴望會得到照應。

用這個方法練習臣服非常有效。執行上述三個步驟，然後把你的渴望交給神聖三角（或盒子）。把寫下的渴望放進屬於你的三角，然後在心裡默禱，把它交付給宇宙。把它徹底移交，知道你的請求已被宇宙聽見。

這四個步驟將會有效幫助你放下自以為需要的一切並為眾人謀求最大福祉。把心思專注在當下每一刻細膩的變化。如同《奇蹟課程》提醒我們的，「每跨出一小步，就會驅散一絲黑暗。」

你也許納悶，你要怎麼知道自己已經臣服，已經真正放下了。當你信任宇宙的計畫比你的計畫更好，你就知道你已經臣服了。當你不再去操控和硬要有個結果時，你就知道你已經臣服了。當你放下了掌控生命的需要並讓宇宙做祂的事，你就知道你已經臣服了。最後，當你不再捍衛你的控制欲時，你就知道你已經臣服。

循著這條路，交付你的目標給宇宙。以下就是如何臣服的重點回顧：

- 透過祈禱鬆開掌控。
- 放下對時間的牽掛，相信奇蹟就在當下這刻。
- 交付你的目標，讓信心領路。
- 把你的渴望放進你的上帝盒子或神聖三角，相信你的渴望已被照顧。

這幾個步驟會為你騰出更多空間，讓宇宙當你的嚮導。我現在再次想起《奇蹟課程》裡面的智慧之語：「你不能改變事件的樣貌，但你可以常常微笑面對。你的額頭放鬆，你的眼神平靜。」

臣服就能帶給你這樣的平靜。當你練習臣服，你會開始依靠比自己更強大的力量。終有一天你會知道，這股力量一直都在，你可以依靠祂，祂是你的靠山。

第十二章

成為愛的使者

某天早晨，我正坐在山上新屋的廚房和先生一起吃早餐。突然間，我從眼角餘光看到三名男子正從車道方向走來。這些人穿著有帽兜的黑衣，帽子罩住了頭，每個人手上都拿著看起來黑黑長長的東西。我整個人慌了，心裡開始計劃逃跑的方向，準備逃命。我被嚇得幾乎癱軟，因為我當時深信那三位看來很有威脅感，正向我們走近的男子，手中握持的是大型槍枝。

當這幾位男子離房子愈來愈近，真相揭曉。他們不是要來傷害我的兇犯。他們是來修剪庭園的好人，手持吹葉機走來走去。這件事雖然看起來好笑，卻令我感到難過。而我最難過的是，我之所以馬上往最壞的地方聯想，是因為我們國家頻傳的槍枝暴力事件。

由於美國的槍枝管制問題，我經常活在莫名的恐懼裡，害

怕隨時有人帶了一把槍蹦出來。這種現實生活的恐懼，許多人
都能感同身受。

後來，就在同一個禮拜，加州發生了另一樁大規模的掃射
事件，新聞媒體對相關報導的統計數字令人震驚。自從發生桑
迪·胡克（Sandy Hook）小學慘案以後，每天都有大規模的槍
擊事件發生。我們死於另一個美國人槍下的機率，遠高於死於
恐怖份子攻擊的機率。我一邊收看新聞報導，心中怒火熊熊燃
燒。我開始有種強烈的感覺，覺得自己一定要表態，要讓人聽
見我的聲音。於是我把這樣的憤怒情緒帶到網路。我貼了一張
圖片，圖中有一把槍，槍上有個禁止的符號，註解是：「為我
們的國家祈禱。這樣的事不能再繼續下去了！」沒多久，網站
湧入許多評論。令我訝異的是，有女性在我的網頁留言，辯護
持槍的理由。有人留下這樣的意見：「小嘉，我對妳很失望。
我需要槍枝保護我的家人。」

這些意見讓我很生氣。我開始對我先生碎唸，說我覺得這
些留言簡直是瘋了。我認為這種持槍「保護」家人的需求，只
會讓這個問題更嚴重。我對我先生說：「我要再貼一次！」這
時我先生很有智慧地回應我，他問：「這樣做會有用嗎？」「妳
的負面貼文只會火上加油。妳不是主張用愛面對不如意的事
嗎？」在那當下，我的先生成了我的精神導師。查克向來都是

我的明鏡，他讓我看到自己的陰影並把陰影帶到陽光下。有時候，正是跟我們最親的人能夠幫助我們看到學習心靈成長的最佳機會。我笑了笑，說：「你說的沒錯。我不可以用生氣反制恐懼，我必須是愛的使者。」

我忍住不反制，不發表意見，也不刪除負面留言。我坐下來傾聽自己的感覺並祈求愛的協助。我從那些在我臉書留言的憤怒母親裡看到自己。她們需要槍是因為恐懼；她們和我一樣恐懼。畢竟，我們一樣害怕暴力，我們都想保護自己的家人。有了慈悲心，我於是能以愛來看待她們的觀點。

槍枝暴力是我們這個國家當前面對的許多可怕問題之一。我們要如何在不安定的環境中找到安全感？當我們覺得無能為力時，要如何找到力量？令人恐懼的事這麼多，我們的心要怎麼平靜？

答案是，從愛出發。當我們準備好表明立場時，接通愛的能量的能力會引領我們說出需要說出的話。當我們需要寬恕的時候，這個能力會帶給我們需要的慈悲。當我們迷失時，帶給我們力量。我是個積極追尋心靈力量的人，也是靈性運動的參與者，我認為要打擊這個時代的恐怖事件，關鍵力量就是活在愛裡。愛會驅散所有的恐懼。

本書的每一章都在引領大家認識這點。你現在知道你的力量有多麼強大了！你知道你有能力與宇宙的力量連結，用你的存在影響他人。你知道，只要你能成為愛的化身，把光傳出去，這就是你的力量所在。

如果你能多把愛散播到這個世界，你就能激發更多人活在愛裡，然後別人也會同樣這麼做。這個愛的漣漪效應能夠改變既定模式，掀起寧靜革命並終結戰爭。你或許覺得你的力量遇到那些愚蠢的公司大老闆、恐怖份子，或帶著恐懼思維的世界領袖起不了作用。不是的。你的力量就在於你傳播愛的能力。把愛傳出去，那就是你的力量所在。

也許你很難理解，傳播愛如何能夠終止恐怖主義、減少槍枝暴力事件、療癒世界的傷口、餵飽飢餓的人、讓被奴役的人自由，諸如此類的事。我懂。我也常常會覺得挫折，覺得無能為力，感到茫然。但是，每當我記起我的力量就在於我把愛散播出去的能力，我就會重拾力量、確定感與平靜的心。為了拯救世界，我們必須認真實踐，致力於這個真理。

當我們在心靈上轉變，我們就能改變這個世界 —— 當我們待人多一點愛，當我們原諒他人，當我們療癒自己過去的傷口，當我們活在當下，我們就能改變世界。發生在個人層面的

奇蹟，對於集體能量場會產生巨大效應。當一個人向愛前行，這個光會照亮所有人。

我寫書是為了對你們的生命有正面影響，這樣你們就能影響這個世界。當每一個人點亮自己的生命，這個世界就會變得更光亮。有光的地方，沒有黑暗。

我還在寫這本書的時候，我把書的要旨告訴一位我的文學導師。我說：「這本書是為了幫助人們在不安定的環境裡找到安全感，在他們感到無能為力時找到力量，並在充滿恐懼的世界裡找到愛。」他的反應是：「這個想法很好，很有力量，但是拯救世界的書賣不出去。」我懂行銷，所以我完全理解他為什麼這麼說，但身為活在這樣艱難年代的女性，我不想放棄我的主張。雖然我希望我所有的讀者都能學到如何實現他們個人的渴望，都能工作順利，擁有幸福美滿的人際關係，但我更希望你們都能成為光的使者。

我對此生的承諾是努力喚醒人們與愛相連的力量，盡可能地喚醒越多人。我把自己看作開罐器，我的功用是打開你們無窮的潛能，用喜悅的心服務世界。我非常投入於這個工作，傾力喚醒你們看到自己活著的真正目的：成為愛的使者，散播愛。愛是我們生命的依靠。這些用詞不能只是我們貼在 Instagram

社群的俏皮流行用語。我們必須把這些話當成自己的使命。我們要認真實踐對愛的承諾，這樣我們一心渴望的安全與保障才能實現。

本書最後的幾個步驟會引導大家擁抱自己的能力，加入我的行列，做個積極追尋心靈力量的靈性運動者。這個工作會提醒你，你與宇宙的連結必須用在最高善的目標：拯救這個世界。請依循這些步驟並接受我的邀請。

和我一起成為光。

▶ 步驟一：覺醒

我很榮幸能夠見證許許多多人擁抱他們心靈的本質。看到人們清醒找回自己與愛的連結，真的很棒！但我也常常發現那些重視心靈修持的人，完全不曉得世界發生了什麼事。也或許他們知道，他們從電視新聞和報紙知道發生了什麼事，但是態度冷漠。每看到那些專注於內心世界的人不關心或脫離了周遭的世界，最最令我難過。

雖然我不鼓勵人們對連續劇情節般的新聞太投入，但我覺得我們有責任睜大眼睛，看清楚周遭發生了什麼事。如果我們

忽略或漠視周遭發生的事，我們將陷入冷漠的陷阱，並且忘了我們的光有多重要。知道世界存在著黑暗面，我們會更想為這個世界帶來光亮。這個意識的覺醒將激勵我們在需要時發聲表態，為最需要的人禱告。意識的覺醒將我們和世上那些沒我們這麼幸運的所有靈魂連結起來。意識的覺醒會提醒我們要抱持感恩、喜樂和仁慈的心。

沒有這個意識的覺醒，我們很容易被困在生活裡的渺小思維裡。那些我們所編造的愚蠢荒謬的說法，所專注的傻問題，會使我們變得非常自私。

如果你發現自己有冷漠與無意識的行為，請立即原諒自己。別忘了，你瞬間就能拋卻自己過去的行為模式，走進當下這一刻的力量。現在就決心將你的焦點從渺小的自我世界轉換到你周遭的世界。

每天花些時間注意這個世界發生了什麼事，為那些最需要的人禱告，送愛給他們。

▶ 步驟二：別忘了你真正的力量所在

留意自己召喚什麼力量來創造改變。你是個憤恨不平的和

平推動者，還是光行者？要知道這是不一樣的。你有可能會把恐懼當成力量，把分離當成武器使用，若是如此，你要能察覺得出。當我們愈來愈清楚世上發生的事，我們會害怕會生氣——這跟我為了我們國家的槍枝暴力事件火冒三丈的情形很像。你可以生氣，生氣是正常的，但是別忘了，憤怒不是真正的力量來源。我們與愛相連，由愛出發的能力才是力量之所在。

因此，感受你的憤怒，然後找個朋友把憤怒說出來。尊重自己的憤怒和恐懼的情緒，把它們看作教導你學習如何讓心情恢復平靜的老師，然後盡快回到愛裡。透過禱告與自己的力量重新連結。

下面這段禱文，可以幫助你與自己真正的力量連結：

「我承認我的憤怒，我尊重我看到黑暗的反應。我知道我的力量在於我成為光的能力。我祈請愛的能量和思緒傾注於我，啟發我以真正的力量，以愛來採取行動。」

接受自己身為靈性運動者的角色，用愛迎向這個世界的恐懼。以寬恕和慈悲待人。知道自己可以表達主張，也能優雅地表明立場，挺身而出。你有能力用愛消除所有隔閡。

▶ 步驟三：愛的寧靜力量正在你心中閃耀

《奇蹟課程》第一八八課這樣說：「為什麼等待天堂？那些找光的人只是遮住了他們的眼睛。光現在就在他們心裡。開悟只是一個認知（譯註：指看見並承認真相），它不曾改變任何東西。」

你是不是認為你必須改變環境，才能改變你的人生？其實你所需做的就是改變你的思維，憶起愛。你要相信光就在你心裡，接受你內心的光，你將會照亮這個世界。無論如何，對這個光要有絕對的信心。你堅定的信心和確定感會幫助他人找到並記起他們的信心與確定感。只要你憶起光，你就有療癒的力量。

要相信愛正透過你散發光芒。現在就宣布你要認真活在光裡。向你的創傷經驗致敬，是它們帶你走到這裡。蘇菲詩人魯米（Rumi）說過：「創傷就是光進入你的地方。」要信任你的傷口正是宇宙所策劃。你生命中的創傷是上天巧妙的安排，為了幫助你站出來用愛面對課題並憶起內在的光。也許你的境遇一直以來並不順遂，花些時間向這些經歷致敬。向你的創傷、痛苦和恐懼致敬，你的內心知道愛的平靜力量一直透過你散發光芒。無論你這世經歷了哪些事，這個事實永遠不會改變。愛

的平靜力量絕不會離開你。

當這個世界的恐懼讓你失去平靜，請回到當下這一刻，並記得愛的平靜力量現在仍在你身上閃耀。溫柔地見證那些讓你偏離真相的恐懼故事，你在當下就能回到愛並得到平靜。在當下這刻，你就能重建你和宇宙的連結並釋放你的所有痛苦。

▶ 步驟四：成為愛的使者

讓愛的力量在你身上流動是最美妙的經驗。當你透過與愛的連結療癒自己生命的時候，你將會收到指引，幫助他人療癒他們的生命。這個指引有時會帶你走到你絕對無法想像的方向。即使有時候方向看來沒什麼道理，但那個召喚會是你無法抗拒的。

我見證過許多心靈革新的領導者遵循了那個無法抗拒（也可說是不容推辭）的召喚。歐普拉・溫芙雷（Oprah Winfrey）就是一個例子。我很榮幸受邀參加歐普拉製作的紀錄影片《信念》（Belief）的放映會。這個節目介紹世界各地的宗教和靈性修行的精彩故事，每一集的內容都證明了宇宙能量－愛－的強大力量。這些故事放下了所有宗教和心靈上的分離並呈現給大家真正的萬物一體，合一的願景。

放映會上，歐普拉提到製作《信念》這個節目的動機。她說，她在禱告時要求上帝使用她為大眾最高善的益處做有意義的事，她收到的回應便是製作這個節目。她投入自己的金錢、時間和精力製作。演說結束時，淚水在她眼眶打轉，她說她充滿感激，她感謝宇宙愛的能量透過她製作出這麼具轉化力量的節目。

　　我們每個人都有能力讓宇宙愛的能量透過我們為大眾的最高善利益做事。這就是為什麼我們會在這裡：我們要記起愛並允許愛在我們身上流動，讓愛療癒我們並激勵我們服務眾人。當我們接受並臣服於這個承諾，我們就能真正與宇宙共同創造。我們所能創造和推動的事，絕不是我們的邏輯思維想像得到的。我們能夠幫助別人療癒，並且服務世上所有人。

　　就這麼一個簡單的詢問——「祢要怎麼使用我？」——這個詢問行動會開啟大門讓愛源源不斷流入，愛的力量會超越所有的疑慮和限制。你的恐懼在這股愛的面前，沒有存在的空間。

　　這就是本書的最後一個步驟：成為宇宙愛的使者。

　　用這個簡單的禱詞開始你的每一天：「祢要怎麼透過我行事？」

然後後退一步，讓愛做你生命的前導。

《奇蹟課程》說：「當你心情平靜，無論你走到哪兒，都會散發平靜的氣息。」允許宇宙指引你、療癒你，並且引導你將平靜帶回你的意識。平靜與愛永遠都在。

當你在生活裡活出愛與恩典，你會感受到一股能量通過你。你還沒想到話要怎麼說，話就說了出來。在你陷入低潮時，你會得到力量。在你感到失落時，你會得到共時性的事件與支持。當你對生活感到不安，感到不確定時，你會得到安全感。

本書就要進入尾聲了，而再過幾天就是我戒酒成功的十週年紀念日。這個紀念日標示了我回到愛的那一天，就在那天我臣服於宇宙，請求祂的協助。我對於自己因為願意讓宇宙引導而得到的禮物感到驚嘆。我對於自己能如此讓愛透過我工作感到驚嘆。我對自己經歷的轉變感到驚嘆。我被一直在我身邊的支持、愛和指引深深感動。最重要的是，我對自己用愛療癒這個世界的意願感到驕傲。回想十年前二十五歲的我，嗑藥嗑到茫，而且極度缺乏安全感。當年的那個女孩，活在恐懼、疑慮和不確定裡。現在的這個女子，活在光裡。

我能蛻變，你也能。你現在就能做到。你必須做的就只有一件事：選擇愛，把光散播出去，並且知道，宇宙就是你的靠山。

謝辭

這本書的誕生,要感謝許多人的幫忙,他們太棒了。蜜雪兒・馬丁(Michele Martin),她是我的寫作老師、指導者和經紀人。她從這本書一開始就陪伴我,直到旅程結束。我很感謝我實力強大的出版公司,賀屋出版社。謝謝瑞德・崔西(Reid Tracy)、派蒂・吉夫特(Patty Gift)、里舍勒・弗雷德森(Richelle Fredson)、米雪兒・皮里(Michelle Pilley)、里昂・納克森(Leon Nacson)、露易絲・賀(Louise Hay),以及整個賀屋出版的家人。超級感謝我的公關團隊,莎拉霍爾公司(Sarah Hall Productions),謝謝你們把愛散播出去!謝謝你,凱蒂・卡爾森(Katie Karlson),你不僅僅是我的編輯,更是我的好友。我還要向我的先生查克(Zach)表達最大的謝意。還有賀里塢(Hollywood),你永遠是我的夥伴和最好的朋友。Z,謝謝你為這本書盡心盡心。

最後，我要謝謝你們，各位讀者。我寫書是因為你們。我被你們願意成長、療傷、超越恐懼並走進自己的光的意願深深啟發。你們是我的英雄。希望這本書會讓你們有種被緊緊擁抱的感覺，並且時時提醒著你們，宇宙就是你的靠山！

園丁後記

　　我向來認為，提升意識層次並不必靠參加索價不低的心靈課程、加入靈修團體或是追隨某個所謂的大師，那些只是途徑的選項，而且存在迷途的風險，尤其若辨識力尚待提升。

　　真正的重點，應是在於我們是否能將做人的道理、學得的正確靈性知識，以及協助探索內在的靈性練習應用在平日生活。我們是否能知行合一，並經常反思自省。

　　宇宙花園出版實用的心靈工具書，就是為了讓大家以最少的金錢，便能獲得不同作者多年的心血結晶和靈性旅程的心得。希望大家能因閱讀而與自己的靈魂更親近，並從閱讀中受益。

　　凡於公開場合（譬如收費的心靈課程）或社群媒體使用本書內容，請註明作者名、中文書名和出版社，以尊重作者及出版社之智財權和心血。謝謝！

宇宙花園　27

宇宙就是你的靠山——超越恐懼選擇愛，和宇宙力量同行

THE UNIVERSE HAS YOUR BACK

作者：嘉柏麗・柏恩斯坦（Gabrielle Bernstein ）

譯者：林曉芳、梅西爾

出版：宇宙花園有限公司

通訊地址：北市安和路1段11號4樓

e-mail：gardener@cosmicgarden.com.tw

編輯：宇宙花園

內頁版型：黃雅藍

封面設計：Fiona

印刷：鴻霖印刷傳媒股份有限公司

總經銷：聯合發行股份有限公司　電話：(02)2917-8022

初版：2022年3月

定價：NT $400 元

ISBN：978-986-06742-1-7

THE UNIVERSE HAS YOUR BACK

國家圖書館出版品預行編目資料

宇宙就是你的靠山——超越恐懼選擇愛，和宇宙力
量同行／嘉柏麗・柏恩斯坦（Gabrielle Bernstein）
作；林曉芳、梅西爾 譯-- 初版. -- 臺北市：宇宙花園
有限公司, 2022.03　面; 公分. --（宇宙花園；27）
譯自：THE UNIVERSE HAS YOUR BACK:
　　　　transform fear to faith.
ISBN：978-986-06742-1-7（平裝）
1. CST：靈修　2. CST：自我實現
192.1　　　　　　　　　　　　　111002860